改变，从阅读开始

下课后的奇幻补习班

刘炯朗 ◎ 著

山西出版传媒集团
山西人民出版社

目录

序　文学是一切想象的启蒙 / 01

星期一　走进文学的奇幻世界
《镜花缘》/ 005
《格列佛游记》/ 021
《杜立德医生的故事》/ 037

星期二　人生就浓缩在短篇里
安徒生童话：《国王的新衣》/ 047
与首饰有关的三则短篇小说 / 055

星期三　影射现实的成人寓言
《一九八四》/ 073
《动物农庄》/ 081
《老人与海》/ 099

星期四　梦见庄子
蝶梦 / 109
生与死 / 116

星期五　让我们来讲讲神话
荷马史诗与希腊神话 / 131
英文单字的神话起源 / 138

太阳其实很浪漫 / 161

星期六　改变历史的偶然

特洛伊战争 / 171
法国大革命 / 184
拿破仑与滑铁卢战役 / 191

星期日　电影与文学的交会

罗生门 / 201
神鬼交锋 / 208

·序·
文学是一切想象的启蒙

已故的前苹果科技执行长史蒂夫·乔布斯（Steve Jobs）在一九八五年离开苹果公司后，开创了另一家计算机公司 NeXT，而在他发表的第一部 NeXT 计算机里，他放进了牛津版的《莎士比亚全集》，可说是电子书的滥觞。乔布斯曾说："我喜欢站在人文与科技的交会口。"或许，这就是他能不时创新思考、并屡屡出众人意料的原因。

我不敢说每一个喜爱阅读文学的人都能成为充满创意的人才，但实际上，文学作品往往能给人意想不到的启发。我毋须举出某位大人物受了某本书的启发，而促使他走上某条不凡的路，实际上，我们每个人都曾有过这样的经验，不管是《西游记》、《波西·杰克森》（Percy Jackson）或《海贼王》（One Piece），都自有其足以启蒙某个思想的核心价值。

而其中最引人入胜的，莫过于作家们以丰富的想象力，在文学作品里构筑出的那些如梦似幻、真假难辨的奇幻世界。无论是"火焰山"还是"伟大的航路"，只要我们展开书卷，任由想象驰骋，便能恣意遨游其间，丝毫不受时空的限制。

唯一的限制是我们的心灵。如果我们惯于看见、听见平常的事物，如果我们总是一味接受别人的说法，如果我们不懂得质疑眼前所有的一切，那么我们的心灵就会渐渐枯萎，让大脑成为贫乏想象力的俘虏，只能活在有限的人生里，那样一来就太可惜了。

星期一

走进文学的奇幻世界

首先，我想为大家介绍三本很有趣的书。

第一本是清朝李汝珍写的《镜花缘》。《镜花缘》故事的时代背景是唐朝武则天的年代，这本书的前半部叙述了一位不得志的秀才唐敖，和他的妻舅林之洋。林之洋经常漂洋过海，买卖货物做生意，还有一位有很多航海经验的老舵手多九公，他们三个人结伴到海外，一边做生意一边游玩，到了许多奇奇怪怪的国家，也看到许多奇奇怪怪的动物和植物，例如，他们到过"君子国"、"女儿国"、"巨人国"、"长人国"，看到会吐丝的蚕人、有十个脖子九个头的九头鸟等等。

第二本是《格列佛游记》（*Gulliver's Travels*），作者是史威夫特（Jonathan Swift），一七二六年出版，和《镜花缘》一样，都是在十八世纪出版的书。这本书描写一个叫格列佛的人，旅游到四个不同的国家，包括小人国、巨人国的经历，是一本已经被翻译成多国文字的名著。这本书除了可以被看成一本童话、一本科幻小说之外，作者也透过幽默和暗讽的手法，点出政治、社会、宗教、教育和人性里不同的问题。

第三本书是《杜立德医生的故事》（*The Story of Dr. Dolittle*），这本书是罗富亭（Hugh Lofting）在一九二〇年写的，书中的主角杜立德医生，本来是一位普通医生，不过，他学会了动物的语言,变成能够替动物治百病的兽医。书中讲了他带着一群宠物,包括一只鹦鹉、一只猴子、一条狗、一头猪、一只鸭子和一只猫头鹰,到非洲替猴子治病,回程又遇到海盗的故事。这本书还有好几本后续的书,也有几部电影,都是以这本书的主角杜立德医生能够精通动物的语言为出发点,延伸出来古怪而有趣的故事。

这三本书透过时间和空间的改变,描述我们日常生活以外的人、事、物。其实,除了这三本书之外,还有很多类似的书,例如在《西游记》里,唐僧带着孙悟空、猪八戒和沙僧,走过盘丝洞、火焰山,三打白骨精,大战牛魔王。还有,英文的《绿野仙踪》(*The Wonderful Wizard of Oz*),叙述一个小女孩桃乐丝(Dorothy)和她的三个伙伴——稻草人、油罐铁皮人和胆小的狮子,一起去翡翠城找欧兹魔法师的故事。这些故事有两个共同的主轴,一是用神奇和幻想,跳脱现实,另一个是现实,透过神奇和幻想,反映讽刺。

《镜花缘》

《镜花缘》是李汝珍写的小说。李汝珍生于乾隆二十八年（公元一七六三年），死于道光十年（公元一八三〇年）。这本书描写了唐敖、林之洋和多九公三个人在海外旅行的经历，也透过滑稽和怪诞的故事，描写社会和人性。

君子国

唐敖、林之洋和多九公除到了"女儿国"、"巨人国"和"长人国"之外，他们还到了一个叫做"君子国"的地方。在未抵达"君子国"前，他们就听说"君子国"的人有好让不争的美好名声。"让"就是谦虚相让，"争"就是争夺和争执，"让"和"不争"正是君子的风范。可是，当他们到达"君子国"之后，请教当地的人"好让不争"这句话的意思时，他们都礼貌地不回答，也正是君子不愿意在人前炫耀的风范。唐敖等三个人一路走来，听到珠宝店里一位要买一副项链的顾客与老板的对话，顾客说："这副项链真好看！我要买来送给我老婆。"老板说："这项链的钻石和手工都有好些瑕疵，您得小心注意。"顾客说："这些怎么算是瑕疵呢？这本来就是一件很好的首饰，您开价多少呢？"老板说："通常要卖一万元，您是老主顾，就算一万五好了。"顾客说："一万五太少了吧？你还得靠做生意过日子的，两万元吧？"老板说："一万五就足够了，既然您坚持，一万六吧！"顾客说："一万六，我回去要被老婆骂我欺负生意人了，一万八您卖不卖，不卖就算了。"

通常买东西时的讲价还价，老板说货色好极了，漫天要价，顾客说货色太差、不好，落地还价，一来一往，老板减一点顾客加一点，最后才成交。可是在君子国，老板很客气说东西不好，不该卖那么多的钱，客人说东西真好，您不要吃亏，收那么少的钱，老板要减价，客人要加价，这就是君子礼让，处处为他人着想的风范。其实，无论是贵和便宜、有瑕疵和完美、吃大亏和占小便宜都是相对的观念。我们觉得君子国的人买卖东西时完全违反常情，其实，那不也正是"以小人之心，度君子之腹"吗？

大家都听过"以小人之心，度君子之腹"这句成语，它的意思就是以小人卑劣的心态，去猜测品德高尚之人的想法。但是，为什么是君子的肚子呢？一个合理解释是来自"将军头上堪跑马，宰相肚里好撑船"这句话，表示一个人度量大的意思。不过，"以小人之心，度君子之腹"，是从《左传》昭公二十八年里的一句话演变而来，它原来的说法和用意跟现在是有点不同的。春秋时期晋国的魏献子在位执政，大家对他的风评都很好。有一次，魏献子手底下的官员魏戊遇到一件棘手的官司，不知道如何处理，就把案子上呈给魏献子，告状的人脑筋灵活得很，马上送了一位歌女给魏献子，魏献子很喜欢她，正想把她收下来。魏戊知道了，赶快跟魏献子身边的两位大臣说:"魏献子的名声很好,这是贿赂,收不得,你们得劝劝他。"当天晚上,魏献子请这两位大臣吃饭,这两位大臣一边吃饭、一边叹气,魏献子问他们为何叹气?他们说:"开始的时候,我们担心饭菜不够吃,所以叹气了;吃了一半,看到饭菜丰盛,才想到您请我们吃饭,怎会吃不饱呢?所以又叹气了;吃完了,我们想小人物的肚子,有吃饱的时候,希望君子的欲望,也一样会有满足的时候,所以又叹了一口气。"魏献子听懂了他们的用意,就把歌女遣送回去了,这就是"愿以小人之腹为君子之心"这句话的出处,意思是:希望您的心,也像我们的肚子一样,能够知道满足。

在今天的社会,我们看到老百姓能够过着温饱的生活就很满足,可是,贪官污吏、奸商恶贾,他们的胃口倒是贪得无厌,这不也是"以小人之腹为君子之心"的愿望吗?这句话演变下来,成为另外一个用法"以小人之心,度君子之腹"了。

回到"君子国"的故事,贵和便宜、有瑕疵和完美、吃亏和占便宜、小人和君子,都是相反,但也可以是互换的观念。在日常生活或是科学里,有很多这种例子,都可总称为对偶的原理(Principle of Duality)。

举生活上的例子来说,在美国,开车司机坐在车的左前方,因此车子在街道上靠右边走,在多线道的路上,左边的线道是超车的线道,在十字路口,红灯可以右转;但是,在日本和香港,开车司机坐在车子的右前方,因此,车子在街道上靠左边走,在多线道的路上,右边的线道是超车的线道,在十字路口,红灯可以左转,在这里,左和右就是对偶,也因此可以是互换的观念。

在电机工程里,许多人都知道,电流和电压、电感和电容、串联和并联都是对偶的观念。在计算机科学的逻辑设计里,"boolean AND"和"boolean OR"是对偶的观念。从物理来看,电场和磁场、光波和光粒子也都是对偶的观念。从这些熟悉的对偶观念来看,"君子国"里人的行为,也就不那么奇怪了。

劳民国与智佳国

唐敖一行三人接着到了"劳民国"。"劳民国"里的人面如黑墨,坐着也好,站着也好,甚至走路时也好,身体都是摇摆不停,唐敖说:"怪不得这个国家叫做'劳民国',每个人都好像举动浮躁,坐立不安,终日忙忙碌碌,这样操劳,不知道他们的平均寿命是多少?"见闻丰富的多九公回答说:"他们虽然忙碌,不过,劳动筋骨,并不操心,加上他们国家不产五谷,都吃水果蔬菜,煎炒烹调的东西都不入口,所以他们都很长寿。"

"劳民国"之后,他们又到"智佳国"。"智佳国"里每个人都打扮得很斯文,往来都是白发老者,没有看到年轻人。他们抵达那一天正是中秋节,大家在打灯谜,挖空心思,绞尽脑汁，拐弯抹角，咬文嚼字。唐敖看到一个灯谜，谜面是《滕王阁序》里的两句"关山难越，谁悲失路之人"，猜一药名。唐敖说答案就是"生地"，"关山难越，谁悲失路之人"可不是陌生的地方吗？多九公给唐敖解释说，"智佳国"的人都喜欢学天文、数学，百般技艺无所不精，而且，争强好胜，勾心斗角，一定要出人头地，他们终日构思，久而久之，心血耗尽，不到三四十岁就已经很衰老了，所以，他们很少有长寿的人，刚刚我们看到的白发老者，其实都是少年、中年人而已。所以，那一带有一句话"劳民永寿，智佳短年"，就是说劳民国的人寿命很长，智佳国的人都很短命。其实，多运动少操心，多吃水果蔬菜，也正合乎现代医学的原则。

"劳民国"和"智佳国"的故事，指出劳力和劳心的区分。此外，大家都听过的一句话"劳心者治人，劳力者治于人"，这句话常被解释为劳心的人统治别人，劳力的人被别人统治，好像劳心的人是比较高的统治阶级，劳力的人是比较低的被统治阶级。其实，这样解释是断章取义，这句话出自《孟子·滕文公》，孟子讲社会上分工合作的道理，上下文是："劳心者治人，劳力者治于人；治于人者食人，治人者食于人。"意思是劳心的人治理别人，劳力的人被别人治理；劳力的人养活别人，劳心的人靠别人养活。用现代企业管理的观点来看，劳心的人负责策略和人事，劳力的人负责技术和制造，可是，真正赚钱养活大家的，还是站在生产线前的工程师和操作员。

在管理学上也有一句话:"一流的领导者知道怎样用别人的脑袋,二流的领导者知道怎样用别人的力气,三流的领导者只知道用自己的力气。"这也说明领导和分工的重要。

伯虑国

唐敖他们继续往前,到了一个叫做"伯虑国"的国家。那里的人走在路上都好像在打瞌睡,闭着眼睛慢吞吞地走,一副疲惫不堪的样子。唐敖问:"既然他们那么疲倦,为什么不在家里好好地睡觉?却要在外面乱跑?"多九公解释说:"有两句话:'杞人忧天,伯虑愁眠'。"

"杞人忧天"这句成语,出自《列子·天瑞》篇,说在杞国有一个人,他担心天会塌下来,饭也吃不下,觉也睡不好,所以,"杞人忧天"这句成语表示为了不必要的顾虑而忧心。

至于"伯虑愁眠"呢?"伯虑国"的人最怕睡觉,因为他们担心,一旦睡觉,会一觉不醒,就没有命了。当他们身体实在支撑不住时,也只休息一下,不敢睡觉,终年昏昏沉沉,万一真的睡着了,家人就以为他死了,痛哭流涕,有人睡了几个月,醒过来了,大家就为他死里逃生庆贺,但是也有很多人是一睡不醒的,也就是睡到死了,因为他们终年不睡觉,头晕眼花,四肢无力,加上日夜焦愁,胸中郁闷,若睡着的话,精神涣散,油尽灯枯,就活不过来了。

我们常常听到今天许多学校里的年轻人,上网聊天、玩游戏,熬夜不睡觉;园区的工程师为了赶进度,不眠不休,的确要奉劝他们,不要当一个无缘无故忧心天会塌下来的杞国人,也不要做不睡觉的伯虑国人,昏昏沉沉,没有效率,也没有快乐和健康。李白有名的一首诗《将进酒》,其中有一句"人生得意须尽欢"讲得很好;另外一句"但愿长醉不复醒",可千万不要当真。

无继国

唐敖他们又到一个国家"无继国",那里的人,不分男女,不会生育,因此也没有后代,但是,那里的人死了之后,尸体不会腐烂,过一百二十年又再活过来,活了又死,死了又活。对普通人来说,死是一个极限,所以在活着的时候,努力拼命追求荣华富贵,可是死神一到,万事成空。在"无继国"的人,他们知道活久了,就是要死,但是死了之后还会活过来,因此,活着的时候,名和利都是过眼烟云,更没有收聚财富传子传孙的必要,他们把活在世界上叫做"做梦",把死去叫做"睡觉",梦是虚幻的,睡觉还是会醒过来的。

假如我们创业开一家公司,不管成功、失败,还有机会再开一家公司;参加一场选举,不管当选、落选,还有机会再参加下一次选举;追求一位知心的伴侣,不管结果如何,还有机会再去找一位知心的人,那么,我们自然会把成败得失,看得很淡、很轻松。当然，在现实的生活里，死而复生是不可能的，但是，相信第二个机会一定会为我们存在，也正是我们可以跟"无继国"的人民学习的地方。李白的《将进酒》里不是有一句"千金散尽还复来"吗？

最后，让我为大家介绍一首歌，前面我讲到"伯虑国"的人，因为怕死，不敢睡觉，"无继国"的人，把活在世上叫做"做梦"，死去叫做"睡觉"，这让我想起美国十九世纪有名的作曲家福斯特（Stephan Foster）的一首歌，歌名是"Beautiful Dreamer"，开头的几句是：

> Beautiful dreamer, wake unto me,
> Starlight and dewdrops are waiting for thee;
> Sounds of the rude world, heard in the day,
> Lull'd by the moonlight have all pass'd away!
> Beautiful dreamer, queen of my song,
> List while I woo thee with soft melody;
> Gone are the cares of life's busy throng,
> Beautiful dreamer, awake unto me!

我将歌词用中文写出来，"dreamer"这个字，应该翻成"睡仙"，但是我翻成"催梦仙子"。

> 美丽的催梦仙子，请来到我身旁，
> 星辉和露珠正在期待盼望，

白昼浊世的噪音,

在月光底下,悄悄地消散隐藏。

美丽的催梦仙子,我诗歌中的女皇,

请为我倾听,轻柔的乐章,

营营众生的挂虑,被遗忘,

美丽的催梦的仙子,伴我流连在梦乡。

女儿国

《镜花缘》这本小说的时代背景,正是中国历史上唯一的女皇帝武则天在位的时候,所以在《镜花缘》的故事里,你除了可以看到唐敖、林之洋和多九公三个人去了许多地方外,也会看到他们三个人在"女儿国"的经历。

他们到了"女儿国",走在街上,看到老老少少穿的都是男装,而且身材瘦小,没有胡须,走路袅袅婷婷。唐敖说:"这些都是女人吧!为什么放着好好的女人不做,却矫揉造作,充做男人呢?"多九公说:"她们何尝不也可以说,咱们放着好好的女人不做,却矫揉造作,充做男人呢?"他们又看到一个老太婆,头发用油擦得雪亮,梳一个盘龙髻,鬓旁插上珠翠,戴上金色的耳环,身穿紫红长衫,绿色的裙子,脚下三寸金莲,穿着大红绣鞋,十指尖尖在那里绣花,朝她正面一看,满脸脂粉,却留了长长的胡须,唐敖忍不住笑出来了,那个老太婆破口大骂:"你脸上有胡须,明明就是女人,为什么打扮成一个男人呢？你是在偷看老娘，还是想偷看男人呀？"

假如各位听得一头雾水的话，让我们回到我讲"君子国"时，讲到"对偶"的观念，例如便宜和昂贵、完美和瑕疵都是"对偶"可以互换的观念，男人和女人、男装和女装也正是"对偶"可以互换的观念。

他们一路走来，还看到许多女人遮遮掩掩娇羞的样子，抱着或拉着小孩，有些女人一脸胡子，有些把胡子拔掉，还有些把白胡子染成墨黑。林之洋带了许多胭脂香粉、珠花首饰到皇宫去，希望国王买些给他的妃嫔。国王三十岁左右，面白唇红，非常美丽，她一眼就看中了林之洋，要纳他为王妃。一群孔武有力的宫娥走过来，一面呼娘娘，一面预备香汤，为他洗澡，换上衫裙，头上挽了个髻，脸上擦粉，涂上口红，帮他戴上戒指、手镯。一个白须宫娥走到床前，跪下来说："禀告娘娘，奉命穿耳。"四个宫娥把他按住，白须宫娥一针从耳垂刺过去，戴上耳环；接着，一个黑须宫娥拿着一匹白绫，跪下来说："禀告娘娘，奉命缠足。"这才真是痛苦难耐，林之洋狂叫挣扎，还被保母用竹板打屁股。这样过了几个月，脚也缠好了，国王看到他面如桃花、腰如杨柳、眼含秋月、眉似远山，开心得不得了，正式行礼封林之洋为贵妃。不过，后来唐敖几个人找到机会，还是把林之洋给救出来了。

讲到这里，大家也许记得在《西游记》里，唐僧取经的路上，也到过一个"女儿国"，在第五十四回，唐僧师徒四人到了"西梁女国","西梁女国"只有女人没有男人,街上人人都是粉容娇面、绿鬓云鬟。"西梁女国"的女王看到唐僧满心欢喜,要把他留下来招赘入宫,唐僧说:"这可不成,我得赴西方取经。"女王说:"你留下来,让三个徒弟继续去取经就好了。"倒是孙悟空出了一个馊主意,让唐僧先答应留下来成亲,等女王和唐僧送他、猪八戒和沙僧上路西行时,他来使个定身法,让女王动弹不得,那么他们三个徒弟就可以护送唐僧继续去取经了。

书里描写女王和唐僧一起坐车,其中几句是:"同携素手,共坐龙车,女帝真情,圣僧假意。女帝真情,指望和谐同到老;圣僧假意,牢藏情意养元神。"不过,孙悟空的鬼主意,中间又出了一个转折,他们一行到了城外,忽然起了一阵怪风,唐僧又给琵琶洞的女妖摄走了。不过,后来还是平安无事,顺利往西行。

《西游记》里还交代了一个细节,"西梁女国"的人怎样传宗接代呢?原来那里有一条河"子母河",人若喝了"子母河"的水,三日之后,到一个叫做"胎泉"的地方,在水中照一照,如果照到两个影子,那就是已经怀孕了。

《镜花缘》里的"女儿国",《西游记》的"西梁女国",都可以说是母权社会的例子。母权社会是指一个社会结构里的一家之主是母亲,她负起照顾家庭的责任,因为有了责任,也就有了权力,延伸而来,在社会上是由女性扮演领导的角色,权力和责任也都集中在女性身上。母权社会和父权社会是两个对偶的观念，在父权社会，权力和责任集中在男性身上，但是，按照许多人类考古学家的研究，人类历史上从来没有母权社会的例子，《大英百科全书》里记载，母权社会只是一个假想的社会结构而已。为什么人类历史上从来没有母权社会的出现呢？人类考古学家的论点是：第一，由于人体大脑的结构和荷尔蒙的分泌，男性有比较强的、主动和争夺的倾向；第二，男性身材和体力都比较强壮；第三，女性有生育、照顾儿女的责任和负担，因此，父权社会结构是很自然的社会结构。甚至，有些人类考古学家认为，应该完全接受这个纯先天的解释，所以，父权社会会一直延续下去。但是，一个比较开放的观点是：纯先天的生理因素，也许只能用来解释人类历史刚开始时的现象，因为，社会结构是慢慢在改变的，例如男女平权是现代的潮流，单亲家庭越来越多，很多单亲家庭是由母亲来领导和照顾，再加上交通的发达、信息的流通，家庭结构的改变导致社会结构的改变，所以，传统的父权社会结构也许会慢慢地改变。（当然，这只是人类考古学家纯粹从科学的观点来解释，为什么在人类几千年的历史里没有母权社会存在的事实。）

一定有人想问："为什么你说人类历史上从来没有母权社会的存在？我们好像听过在印度南部、中国云南四川边境、非洲的几内亚比索，不是都有以母性为中心的社会结构吗？"

人类考古学家和社会学家对母权社会、母性为中心的社会和母系社会这几个观念的定义，是接近甚至是重叠的，母权或父权社会，是狭义的指在一个家庭里，母亲或父亲掌握统治管理的全权，也负起照顾保护家庭的全部责任。我们可以用过去在印度南部的奈亚族人的传统和习惯为例，指出以母性为中心和母系社会的一些特色，他们的婚姻制度是一妻多夫，丈夫的去留并没有严格的规范，一个家庭以母亲为首，还包括她所有的儿女，她所有女儿的儿女，她的兄弟姐妹的儿女，母亲的遗产会分给她的儿女和她女儿的儿女，母系社会的一个论点是，全世界的人按照他们母系的血统回溯，都会回到同一个女性的祖先。诸位可以观察到奈亚族人的家庭结构，与我们父系社会里传统的观念——儿子是自己的，女儿是别人的，正好是对偶的观念。不过，在奈亚族的家庭里，最有权力管理一切家庭事务的是母亲最年长的哥哥，也就是许多权力和责任还是留在男性身上。

讲到以母性为中心的社会，让我也讲一下在动物世界里，蜜蜂和象的例子。蜜蜂有三种，女王蜂、工蜂、雄蜂，女王蜂当然是雌性的，工蜂也是雌性的，一个蜂群里，只有一只女王蜂，成千上万只工蜂和成百只雄蜂，女王蜂由工蜂们制造蜂王浆来供养她，她唯一的责任就是产卵，传宗接代，不过，女王蜂通常不会和自己的蜂群里的雄蜂交配，也许是避免近亲繁殖的原因，女王蜂会飞到外面和其他蜂群的雄蜂交配，除了交配外，女王蜂从不离开蜂巢；雄蜂也是由工蜂提供蜂王浆来供养，雄蜂交配一次后就会死亡。女王蜂一天可以产两千个卵，一辈子可以产一百万个卵，她产的受精卵，蜕变成为女王蜂和工蜂，她产的非受精卵，蜕变成为雄蜂，有没有发现蜜蜂世界真的是非常有趣的呢？

至于象的社会结构呢？母象、女儿，还会加上姐妹、姨妈、姑妈，都聚在一起生活，就像一个家庭一样，由最年长的母象作为一家之主，当作为家长的母象死了，家里最年长的母象就成为家长。公象却都是孤单地独自生活，公象会去找母象交配，但是交配之后，就离开象的家庭了。母象生下来的小象，无论公或母，只要还没有发育成熟，都一起聚留在家里，当公象发育成熟，它就会离开家庭或者被赶出去。在一个大家庭里，有时几只年长的母象会集体离开家庭，另外建立一个新的家庭，一个家庭通常有十至二十只象，当母象生下一只小象时，她会在家庭里选择几只母象作全时间的保姆来照顾这只小象，这样象妈妈会有较多的时间去找食物，象妈妈吃得好，才会有足够的奶水给象宝宝喝。

蜜蜂和象在动物界里就是以母性为社会结构中心的例子。

《镜花缘》与女权

《镜花缘》的时代背景是唐朝武则天在位的时候，武则天是中国历史上唯一的女皇帝。唐朝由唐高祖李渊开国，唐高祖在位八年，后来因为"玄武门之变"，唐高祖退位，由唐太宗李世民即位，唐太宗在位的二十三年，励精图治，国力强盛，政治安定，就是有名的"贞观之治"。武则天年轻时，长得妩媚娇艳，被唐太宗纳进宫中，唐太宗死后，武则天按照唐朝后宫惯例，削发为尼。唐高宗李治即位后，因为他之前和武则天在宫中已有一段恋情，所以唐高宗让武则天还俗回到宫中，后来还立为皇后。这其中经过很多皇宫里的权力斗争，唐高宗在位三十几年，不过最后的二十多年，身体不好，都由武则天代理朝政。

武则天和高宗并称"二圣"，还加"天后"的尊号，高宗死后，武则天成为皇太后，先是立太子李显为唐中宗，但是，李显和武太后不合被废掉，另立太子李旦为唐睿宗，唐睿宗又被废掉，在唐高宗死去七年后，武则天就当上皇帝，改国号为"周"，历史上叫做"武周"。武则天在位十五年，八十二岁时去世，唐中宗复辟，国号改回唐。武则天从唐高宗生病后管理朝政二十几年，加上自己当女皇帝的十五年，统治中国几乎半个世纪，政绩斐然，对外巩固并拓展了中国的版图，对内发展科举制度，继续推行均田制，可以说和贞观之治相似。

无论是从历史或是野史的观点，武则天的成就和故事，可以讲三天三夜。有一个许多人听过的故事：在严冬下雪的一天，武则天在宫里喝酒赏雪，看见腊梅开花，突然兴致来了，要到上林苑赏花，她手下的人说："现在是严冬时节，许多花都还没开。"武则天说:"腊梅不怕冷,为我而开,为什么别的花不能为我而开呢?而且,我以妇人而登大位,自古能有几人?"可是,她到了上林苑,看到的只是一片枯枝,武则天就下了一道御旨说:"明朝游上苑,火速报春知,花须连夜发,莫待晓风吹。"意思是明天我再来时,全部的花都必须开放。这个命令一下,天上掌花的仙子们都不敢违背,第二天早上,武则天看到上林苑群花盛开,非常得意,可是,只有牡丹仙子不听从武则天的命令。后来,这些违反时令开花的仙子,差不多上百个,都被打入凡尘,这就是《镜花缘》里描写的许多位才女参加科举考试的故事。至于牡丹呢?牡丹花被武则天从上林苑赶出来,贬到洛阳,这就是洛阳成为天下牡丹最盛的地方的由来。

胡适之先生认为《镜花缘》这本书有两个主题:一个是表彰武则天治国的成就,另一个是提倡女权。不过也有其他的学者持不同的意见,这也正是学术研究里见仁见智的地方吧!

《格列佛游记》

来到小人国

《格列佛游记》是史威夫特在十八世纪初出版的小说,内容描写格列佛航海的四个旅程里遇到有趣的人和事。在第一个旅程里,他的船遇到大风暴雨,同船的伙伴,死的死,失踪的失踪,他一个人挣扎游泳到岸上,筋疲力尽地躺在地上睡着了,醒来时发现他的手、脚和头发都被很细的绳子绑住,固定在地面上。原来他到了一个叫做李利浦(Lilliput)的国家,李利浦是个小人国,那里的居民身高平均只有六英寸,是普通人的十二分之一。

当他们在海边发现这个像座山一样高大的巨人时,国王首先下令把他绑起来,再打造一个平台,把他搬到平台上面,由一千个小兵护送,用一千五百匹马拖到国王面前。国王和他手底下的大臣开了好几次会议,来决定怎样处理他,他们担心释放了他之后,他会到处乱跑,又担心他吃得太多,会引起全国的饥荒,他们想让他饿死或者用毒气把他杀死,可是又担心他尸体腐烂的臭味会引起全国的瘟疫。最后,他们决定和他签署一个协议,不许离开李利浦,不许到处乱跑,要帮忙传递重要的信件和物品,他可以把信差和马放在口袋里,大步快跑,帮忙做粗重的建筑工程,最重要的是,一旦和邻近的敌国比利夫斯古(Blefuscu)发生战争,要帮忙摧毁敌人。他们也为格列佛造了一幢房子，一张大床，这张大床用一百四十四（12×12）个床垫拼起来，他每天得到的食物是一千七百二十八人的分量，有没有发现李利浦人的数学算得很精确，为什么要一百四十四个床垫？为什么是一千七百二十八（12×12×12）人的分量呢？此外，每天有两个人来清除他的粪便，有一次皇宫失火，正巧他要上厕所小便，就顺便把火灭掉了；当地的人可以在他手掌上跳舞，小孩子在他的头发里捉迷藏，政府还收门票让老百姓来看他。

身材的问题

人的高矮大小，往往是留给别人的第一个印象，成为有趣的话题延伸为幻想的题材。

中国历史上有晏子出使楚国的故事：晏子是战国时代齐国的一位大臣，他长得很矮，但是，口才好，反应快。有一次，齐王派晏子出使楚国，楚王看到晏子个子小，其貌不扬，他说："难道齐国没有人才，要派你来当使者吗？"晏子马上回答说："齐国人才济济，不过，我们派杰出的人去一流大国，庸碌的人去不入流的小国，我实在很不成材，所以才被派到楚国来当使者。"

有两个在商场竞争得很激烈的对手，一个长得很高，一个长得很矮，长得很高的说："你遇到我的时候，总得抬高头来看我。"长得很矮的说："你遇到我的时候，头总是抬不起来。"

在运动场上，高大壮硕总是一个优势，美国的 NBA 职业篮球联盟里最高的球员是二米三一；有名的姚明，他的身高二米二九，你可知道最矮的球员叫做布格斯（Muggsy Bogues），他身高只有一米六，在 NBA 打了十四年，非常灵活，以助攻、偷球见长，而且，他也一样会灌篮。

在美国职业棒球联盟的纪录里，最矮的球员叫做奇多（Eddie Gaedel），他是个侏儒，身高只有一米零九，体重不到三十公斤，派他上场打球，是一位以"点子"多而著名的经理人想出来的一个怪招，球赛进行中，奇多被派上场代打，但是经理人严令吩咐绝对不许挥棒，在棒球比赛里，投手投的球，必须在打击手的肩膀以下，膝盖以上才算是好球，奇多站在本垒，装腔作势，却又一动也不动，投手一连投了四个都是太高的坏球，他就被保送上垒，马上被换下来由别人代跑了。

在一群身高只有六英寸的李利浦人里，格列佛的一举一动都有震撼性的影响，当他刚刚抵达李利浦被绑躺在地上时，一个不知死活的小兵，拿了一根长棒子往他鼻孔探索，他被搔得很痒，打了一个喷嚏，把这个小兵和旁边的人都吓死了。

当美国的经济出了毛病，全球的经济都马上受到影响，美国的股市掉了几百点，就给全球的股市带来股灾；一个产油大国，供油策略小小的改变，会为全球带来能源的恐慌；一个产业龙头老大，像微软、通用汽车，营业上的一个小动作，会引起整个产业的波动，所以，有一句大家常讲的老话："老大打了一个喷嚏，所有的小家伙都感冒了。"

小人国的风俗

接下来讲讲李利浦的习惯和法律，他们写字不是从左到右或者从右到左，也不是从上到下或者从下到上，却是从一个角斜斜地写到另一个角；他们埋葬死人时，头朝下，脚朝天，因为他们相信地球是平的，有一天，地球会翻转过来，这些人就会复活，好好地站在那里了。

在法律上，第一，诬告别人会被判死刑，被诬告的人，会得到政府的赔偿；第二，诈欺是比偷窃更严重的罪行，犯了诈欺罪，往往会被判死刑，因为小心和警觉可以防止偷窃，但是诚实却无法防御诈欺；第三，奖罚并行，如果一个人在七十三个月内没有做过任何违法的事情，可以得到奖金，并且可以得到守法公民的荣誉头衔；第四，政府雇用公务员时，品格比能力更重要，品格加上经验和正确的目标就足以做好任何工作；第五，受到恩惠而不回报是严重的罪行，因为这呈现了心灵的腐败。

从这里，我们可以了解法律和道德都是规范我们生活行为的准则，它们是相辅相成，不可分离的。但是，在今天的社会，不但道德主动的、正面的激励作用日渐式微，不但法律变成强制的、负面的防范功能，也往往因为对法律狭义的曲解，而变成特权阶级的工具。有几本书描述一个理想社会的规范，包括柏拉图的《理想国》（*Republic*）、摩尔（Thomas More）的《乌托邦》（*Utopia*）、《礼记》的"礼运大同篇"，都值得我们好好地用心去读。

接着，我来讲讲李利浦政治里的内忧外患。李利浦国内有两个政党，穿的鞋子鞋跟比较高的是高跟鞋党，鞋跟比较低的是低跟鞋党，虽然高跟鞋党的理念比较接近古老的宪法，但是，国王却重用低跟鞋党的人，这两党的人势同水火，不在一起吃饭，也不互相交谈。也有些人穿的鞋子一只高跟、另一只低跟，的确，政党斗争，自古已然，不过于今愈烈而已。李利浦有一个敌国比利夫斯古，两个国家相互为敌的主要原因，是多年以来在李利浦大家吃鸡蛋，都是从打破鸡蛋大的一头吃起，但是，现今国王的祖父，因为吃鸡蛋时不小心把手割伤了，他就下令全国所有人民，以后吃鸡蛋都要从打破鸡蛋小的那一头吃起，不服从这个法令的人民，经过多年的抗争，后来跑到邻国比利夫斯古，还是保持吃鸡蛋从打破鸡蛋大的一头吃起的传统，这就是两个国家相互仇视的主因。其实，追根究底，按照古老经典的记载，吃鸡蛋时，打破哪一头方便，就从哪一头吃起就可以了，哪一头方便可以解释为大的一头，也可以解释为小的一头，本来就是一个共识的各自表述。

身材小，心眼也小？

在《镜花缘》这部小说里，唐敖、林之洋和多九公也跑到一个名叫小人国的国家,那里的人身高不满一尺,走路的时候,害怕被大的禽鸟伤害,无论老少都是三五成群,拿着武器防身,小人国里的人,最没有情义,所说的话,处处跟别人相反,明明是甜的,他们偏说是苦的,明明是咸的,他们偏说是淡的,教人无从捉摸。

中外古今,对身材矮小的人都存有一种偏见,在《格列佛游记》的李利浦人,也都被形容为工于心计、狡猾多疑;中文里"小人"这个词,更是有多重的意义,除了是字面上大小的"小"之外,"小人"也代表地位卑微的人,仆人跟老板说"老爷在上,小人听命";"小人"也代表品德修养不好的人,《论语·颜渊》篇里说:"君子之德风,小人之德草,草上之风必偃。""小人"也代表谄媚奉承、心术不正的人,诸葛亮在《前出师表》中给后主的忠言是"亲贤人、远小人";"小人"也代表邪恶的、带来厄运的人,正好和贵人相反。有些地方例如在香港,还有"打小人"来驱除厄运的迷信,甚至我们的孔老夫子,在《论语·阳货》篇里,也来一句"唯女子与小人难养也",把李利浦的老百姓狠狠地踹了一脚。

小人国的战争

李利浦和他的敌国比利夫斯古,相隔一个海峡,为了吃鸡蛋的争议,打了多年的仗。消息传来,比利夫斯古又结集了一个舰队,准备进攻李利浦,格列佛偷偷到海边,探视清楚敌情之后，打造了五十条粗缆，五十个大铁钩，涉水走过分隔两个国家的海峡。这个海峡的深度不到六尺，格列佛把比利夫斯古的五十艘大船的锚绳割断，用大铁钩把这些船一一钩住，连在粗缆绳上，一手抓住五十条粗缆绳，就把五十艘大船拖到李利浦来，虽然，比利夫斯古的海军万箭齐发，结果格列佛毫发无伤。

李利浦的国王亲自到海边迎接格列佛，并授给他最高的荣誉头衔，李利浦的国王野心勃勃，他要格列佛把比利夫斯古所有的船舰用同样的方法，全部拖过来，把比利夫斯古收并为李利浦的一个省份，并且按照他的规定，大家吃鸡蛋一律从打破鸡蛋小的那一头吃起。可是，格列佛不以为然，他认为李利浦不应该用武力征服别的国家，让他的老百姓沦为奴隶，国王当然不能不接受，却也种下了国王不喜欢格列佛的祸根。过了几个礼拜，比利夫斯古派出大使来签署和平协议，并邀请格列佛到比利夫斯古访问。

在二十一世纪的今天，毁灭性的核子武器或者其他强大无比的军事力量，就像在当时两个小人国之间的格列佛。我们必须呼吁，拥有核子武器的列强，要小心翼翼处理核子武器的问题，绝对不能意气用事，为所欲为。在企业界，我们也看到规模庞大的超级市场，就像格列佛一样，把传统的柑仔店压迫得喘不过气来。之前 Microsoft、Yahoo 和 Google 几间公司的较劲，也不正如三个格列佛，在我们的头上打大架吗？

两个月之后，当格列佛准备去比利夫斯古访问时，祸事来了，格列佛被控叛乱的罪名，他的罪名主要有两部分，第一部分是当皇宫失火时，他以救火为名，在皇宫上头撒尿，因此，说不定有一天，他会用他的尿把整个皇宫淹没；第二部分是抗命，他不肯遵照国王的旨意，把比利夫斯古的船舰全部拖过来，因此，说不定有一天，他会把在这次战争拖回来的船，又一手拖回去，结论是格列佛心里可能本来就是一个打破鸡蛋从大的那一头吃起的人。虽然，叛乱罪应该被处死刑，但由于国王的仁慈，改判把他的两只眼睛弄瞎，格列佛得到消息，赶快溜到比利夫斯古，又很幸运地找到一艘小船，结束了他的第一个旅程，回到他的老家去了。

李利浦的国王要把格列佛的眼睛弄瞎，还有，当他刚刚抵达李利浦的海边时，当地的人把他的头发用绳子绑起来固定在地上的做法，都隐约和《圣经》里参孙（Samson）的故事有相互呼应的地方。参孙是一个天赋神力的勇士，他能够空手搏杀狮子，独自杀死一大群敌人，推倒整幢房子，不过，他的神力有一个秘密——如果他的头发被剪掉，他的神力就会消失。他的敌人收买了他的情人达利拉（Delilah），经由达利拉探听出参孙的秘密，当参孙睡着时，达利拉叫仆人把他头发剪掉，参孙失去了神力，就被敌人俘虏，把他的眼睛弄瞎，关在牢里做苦工。讲到这里，又难免想起孔老夫子说的那句话"唯女子与小人难养也"。

所以在这里要祝福读者遇到都是大人物、大贵人、大好人！

来到巨人国

《格列佛游记》的第一个旅程是叫做李利浦的小人国，他在第二个旅程到了一个叫做巴洛丁勒（Brobdingnag）的国家。

巴洛丁勒是个巨人国，那里的人身高六十英尺（约十八公尺），是普通人的十多倍，他们的楼梯，每一级的高度大约是六英尺（约两公尺）高，和格列佛的身高一样。格列佛躺在他们睡觉的大床上，用一条手帕做毯子，当他半夜醒来要上厕所时，发现床的高度有七八公尺，女主人把他捉起来放在地上，否则真是要尿床了。他们的猫有三头牛那么大，有一次格列佛差点被两只老鼠吃掉，他拿着剑，和老鼠搏斗，才把老鼠杀死。

格列佛先是被一位农夫发现，把他交给他九岁的小女儿照顾，他们把他放在一个匣子里，带着他巡回展览，表演赚钱，最后农夫以很高的价钱把他卖给皇后，他的小女儿也留在皇宫里，照顾格列佛。

格列佛生活在巨人的世界里，战战兢兢的，当他被农夫发现时，农夫差一点一脚踹死他，农夫用两只手指就可以把他拦腰抱起来；吃饭时，一小口肉、一点面包屑就可以让他吃饱；在皇宫里，他被一个身高不到十公尺的侏儒欺负，丢在一杯牛奶里，喝了几大口的牛奶，差点淹死。

在格列佛的眼里，巴洛丁勒人是超强、超大的庞然巨物。我们也可以用同样的眼光来看，今天世界上军事、经济力量强大的国家，何尝不是为所欲为，摆布欺负弱小贫穷的国家，强国的一点点恩惠，小国就得拼命去奉承争取。

不过，在皇宫里，格列佛也有其他有趣的经验。照顾他的小姑娘，有时候会带他到贵妇的更衣室里，贵妇们毫无忌惮地在格列佛面前换衣服，格列佛说她们的皮肤可真粗糙，毛孔又大，皮肤的颜色又不均匀，一颗痣就像一座小山一样。有一位贵妇胸前长了一个疮，那看起来真可怕。还有，格列佛发现她们身体散发出来的味道，实在令人恶心，这更让格列佛回想起小人国李利浦，那里的人皮肤是那么细微，肤色是那么柔和。其实，任何东西放在放大镜底下，许多缺点都会清楚地显现出来，所以，无论是作为一个巨人国的巨人也好，或者是作为一个国家社会里有权力、有地位、负有重大责任的人也好，都应该随时随地准备接受严格的检视和考验，因为，他们任何的缺失，都会被看得很清楚。

身材大，实力也大？

一个人身材的大小，一个国家人口的多少，一个统治者权力的大小，都是一把双刃剑。最近二十年内的世界经济舞台上，有两个国家扮演越来越重要的角色，那就是中国和印度，其中一个最重要的原因是这两个国家庞大的人口。中国的人口十三亿，居世界第一位；印度的人口十一亿，居世界第二。有人说："站在经济的观点来看，作为一个乘数，十三亿是一个很大的乘数；作为一个除数，十三亿是一个很大的除数。"意思就是，如果平均每一个人每天能够生产十双鞋子，十三亿人每天生产的鞋子就是十三亿乘十，那就是一百三十亿双鞋子；但是，假如有四千万公斤的米要发放十三亿人吃，四千万被十三亿除，平均三十个人才分到一公斤的米。

格列佛也观察到巴洛丁勒巨人国的教育、政治等的情形，他用讽刺的口吻说："他们的教育是很狭窄的，他们只学习四个领域：道德、历史、诗词文学和数学。"当然，这绝对不是狭窄的教育，在今天，许多教育学家都认为这四个领域可以说是教育里最重要的四个支柱，英国哲学家培根说过："探讨道德让一个人变得严肃（Study of moral make a man grave.）；重温历史增加一个人的智慧（Study of histories make a man wise.）；诵读诗词让一个人变得风趣（Study of poetry make a man witty.）；钻研数学让一个人变得缜密精准（Study of mathematics make a man precise.）。"在很多年前，遥远的巴洛丁勒巨人国里，他们已经知道，这是教育的大原则和大方向，教育不是要耍嘴皮，喊喊口号，钻钻牛角尖。

巨人国的文字只有二十二个字母，他们有一个规定，任何法律条文不能超过二十二个字，而且，法律条文必须要用最简单明显的方式表达出来，因此，法律不可能有不同面向的解释，只能有一个解释，曲解法律条文是违法的。

他们图书馆收藏的书很少，国王的图书馆算是最大的，也只有一千本书，那么格列佛怎么去看书呢？他们为格列佛搭了一个鹰架，让他爬上爬下，由左往右，一行一行、一页一页地看。他们的书一页的大小是五六公尺，厚薄就像一张硬纸板一样，书里的叙述以清楚和顺畅为主，词藻并不华丽，避免不必要的、重复的字和词。

巨人国也有规模不小的军队，一开始格列佛怀疑，为什么一个和外界隔绝的国家，还需要军队，但是，他观察到即使在一个完全与外界隔绝的国家，国王要掌握统治大权，贵族们要争夺权力和利益，老百姓要争取自由，要在这三者之间维持平衡，也许军队代表的是一种约束的功能吧！

从火药到原子弹

让我讲讲格列佛对国王的一个建议。远在十三世纪中期，欧洲已经知道怎样制造火药（其实，中国人在九世纪时就已经发明了火药），格列佛为国王描述怎样用火药制成炮弹、怎样制作大炮，他估计按照巨人国里东西的大小比例，一台大炮的长度应该是三十公尺左右，如果有二三十台大炮，任何一个地区的人，不服从命令的话，在几个钟头之内都会被夷为平地。国王听了大为震惊，他没有办法想象一个昆虫那么小的格列佛，居然会建议他去做这么不人道的行为，国王说：发明火药的人，一定是邪恶的天才，人类的公敌，他宁愿失掉半个王国，也不愿意知道这个秘密，而且，吩咐格列佛以后不许再跟别人提起火药的秘密。

讲到这里，不能不讲讲第二次世界大战原子弹研究制造的过程。

物理学上，核子裂变（nuclear fission）是一个过程，当一个中子撞击一个原子核，原子核分裂成两个或者多个比较轻的原子核时，假如新的原子核总共的质量少于原来的原子核质量的话，那么两者之间的差额，按照爱因斯坦 $E=MC^2$ 的公式，质量就会变成能量，而且是大量的能量被释放出来。举例来说，当铀（uranium）的原子核被中子撞击时，会分裂成钡（Ba）和氪（Kr），在核子裂变的过程中，除了新的原子核之外，还会产生新的中子，这些中子再撞击其他的原子核，再引起这些原子核的裂变，这样连续下去，就是所谓连锁反应，这就是制造原子弹基本的物理观念。

在一九三〇年代，物理学家对核子裂变的过程，开始有了深入的了解，当第二次世界大战爆发时，许多从欧洲跑到美国的物理学家，包括西拉德（Leo Szilard）、费米（Enrico Fermi）、贝特（Hans Bethe）、泰勒（Edward Teller）等，不但看到利用核子裂变制作强力爆炸武器的可能，也知道德国的物理学家也在朝这个方向发展。一九三九年八月，爱因斯坦写了一封信给当时的美国总统罗斯福（Franklin Delano

Roosevelt)（其实爱因斯坦没有直接参与原子弹的研究发展工作，这封信主要是由西拉德执笔，爱因斯坦签名），在这封信里，爱因斯坦指出发展原子弹的可能性，其实爱因斯坦前后写了四封信给罗斯福总统，这就是美国研发原子弹的曼哈顿计划（Manhattan Project）的开端。罗斯福总统于一九四五年四月逝世，所以，把第一颗原子弹在一九四五年八月六日丢在广岛，第二颗原子弹八月九日丢在长崎，是杜鲁门（Harry Truman）总统的决定，在广岛死亡人数超过十万，在长崎死亡人数超过七万，而且还有很多很多人因为辐射影响，受尽残疾之苦。

这的确是一场悲痛的经验，杜鲁门总统在他一九四五年七月二十五日的日记里写道："我们制造了世界历史上最可怕的炸弹，这个炸弹将会在八月十日以前，在对日本的战争中使用。我已经作了指示，这个炸弹只限于军事用途，而不是以妇孺为目标。"但是，许多人怀疑杜鲁门到底了不了解原子弹全面毁灭的威力，否则是不可能选择性地只消灭敌人军事力量而已。一九四五年原子弹投掷以前，许多科学家已经提出反对使用原子弹的意见，传说后来爱因斯坦也很后悔当年写信给罗斯福总统。

回过头来看历史，有些问题都是值得我们思考的。为什么美国一定要用强大的核子威力，强迫日本无条件投降，而不是透过外交途径达成和平协议？为什么不通知日本先行把人民撤退，用一个空城来展示原子弹威力？如果当年美国没有发展原子弹，还会不会引起后来美国和俄国之间核子导弹等武器的军备竞赛？假如我们有十八世纪巴洛丁勒国王的智慧，那就可以避免二十世纪的一场浩劫了。

《镜花缘》里的长人国

回到《格列佛游记》的故事。格列佛在他的旅程中，到过小人国，也到过巨人国，在《镜花缘》里，唐敖、林之洋和多九公除了到过小人国，也到过长人国、巨人国，长人国和巨人国可是两个完全不同的国家。

长人国的人身高七八丈，我们常用"昂藏七尺"这个成语描写身材魁梧的男子，所以，算起来长人国的人也是普通人身长的十倍左右。唐敖他们也看到许多身高六尺、八尺、一丈的大鸟和怪鸟，其中一只身高二丈、样子像鹅、有九条长尾、十个脖子却只有九个头的九头鸟，让人联想到杜立德故事里那只有两个头的羚羊"推推拉拉"（Pushmi Pullyu）。

唐敖一行三人，从长人国又到了巨人国，这个"大"可不是大小的大，是"光明正大"的大，巨人国里的每一个人，都有一片云雾围绕保护他的脚，这些云雾的颜色不同，五彩的最高贵，其次是黄色，最低等的是黑色，其他颜色没有什么分别，云雾的颜色完全是由行为的善恶来决定，光明正大的人，脚下就会出现彩云，自私奸诈的人，脚下就会出现黑云，所谓"云由足生，色随心变，丝毫不能勉强"。

因为大家都以脚下有黑色的云雾为耻。巨人国里，民风淳厚，遇见善事，大家踊跃争先，遇见恶事，人人藏身后退，所以很少人脚底下是有黑云的，正在说话时，有一位大官走过，他头戴纱帽、身穿官服，前呼后拥，威风得很，但是他的脚底下围着一块红布，所以别人看不出来他脚下云的颜色，但大家都心里有数，他脚底下的云，不是黑色就是灰色，肯定是暗中做了亏心事。

不过，云的颜色随着心地改变，只要痛改前非，云的颜色也会改变过来，如果一位官员脚底下的黑云很久还不改变，国王就会把他革职。至于，大官们为什么不由公家派一部黑头车，让他们外出时，躲在黑头车里呢？原来，巨人国里，每人脚底都有云雾，走起路来，真是腾云驾雾，非常方便，所以没有开车代步的习惯，何况即使有了黑头车，何尝不是乌烟瘴气，欲盖弥彰？

格列佛在巴洛丁勒巨人国的旅程是怎样结束的呢？有一天，照顾他的小姑娘把他放在匣子里，带着他到外面去玩，突然有一只老鹰把匣子抓起来，丢到大海里，格列佛被路过的一艘船救起来，回到英国。当他回到家时，不但觉得房子那么小，连他的太太、小孩看起来也都很小，原来是在巨人国住久了，眼光也就改变了，这就是"曾经沧海难为水"的意思。

《杜立德医生的故事》

杜立德是一个小镇里很受爱戴的好医生，他家里有很多动物宠物，金鱼、白老鼠、牛、羊和马等等，不过，他最宠爱的是一只鹦鹉波利尼西亚（Polynesia）、一只鸭子嘎嘎（Dab-Dab）、一条狗杰普（Jip）、一头小猪咕咕（Gub-Gub），还有一只猫头鹰图图（Too-Too）。可是，当他家的宠物越来越多时，来找杜立德医生看病的病人却越来越少，因为许多病人都不想找他看病了，最后剩下唯一的朋友和病人跟他说，你不如干脆改行做兽医好了。鹦鹉波利尼西亚听了，跟杜立德说，我懂得人讲的话、也懂鸟的语言，让我来教你讲鸟讲的话好了。杜立德学会了动物的语言，成为一个很好的兽医，大家都来找他，例如他替一匹视力不良的马配了眼镜，也把一只鳄鱼的牙疼治好了。

中国历史上也有一个能听懂鸟语的人，叫做公冶长。有一天，公冶长在家里，一只乌鸦飞到窗前跟他说："公冶长，公冶长，南面山里有一只死的肥羊，你吃肉，我吃肠。"公冶长听了，跑到南山去，果然发现一只死的肥羊，他把肉割下来带回家，却忘了把肠留下来给乌鸦吃，乌鸦忿忿不平。过了几天，乌鸦又飞来报信："公冶长，公冶长，南面的山里有一只死的肥羊。"公冶长听了很高兴，赶到南山去，看到一堆人围在那里，他怕别人把那只肥羊拿去，远远大叫："那是我杀死的，那是我杀死的。"可是，他走近之后才发现，躺在地上的不是一只羊，却是一个死了的人，公冶长就被抓起来了。

他把这个故事告诉县官，县官不相信他听得懂鸟语，私底下叫人把盐巴和谷子混在一起，洒在院子中，让小鸟飞下来啄食，县官问公冶长，这些鸟儿吱吱喳喳在说什么呢？公冶长说这些鸟说："白的是咸的，不能吃。"可是，县官觉得这是巧合，还是把他关起来。过几天，屋檐上有一大群麻雀叫得很吵，县官把公冶长从牢里带出来，问他麻雀在讲什么呢？公冶长说："它们在讲，东门城外有一辆满载粮食的车子翻了，粮食洒了一地，大家赶快去吃！"县官派人到东门一看，果然如此，就把公冶长放了。公冶长不但是孔子的学生，还是孔子的女婿，在《论语·公冶长》第五篇里，孔子还特别说过，虽然公冶长被关在牢里，但是他没有犯过罪，后来就把女儿许配给他了。

自古以来，人类对动物世界、动物彼此之间如何互通信息都很好奇，杜立德医生和公冶长的故事，只不过是这份好奇心的呈现而已。近代科学家们对动物的语言有相当多的研究，例如：他们发现鸟类互相学习唱歌、猴子会发出警告的声音、青蛙会发出求偶的叫声、蜜蜂用跳舞的方式来传递信息等等。

人类和动物之间的语言隔阂，也只不过是两个不同族群间缺乏沟通管道的一个例子而已。在人类的社会里，不同的语言文字，形成人和人之间隔离的鸿沟，不同的文化背景、不同的生活方式、不同的理念,也都形成人和人之间隔离的鸿沟。只有杜立德医生才知道,视力不良的老马,需要配一副眼镜,流泪的鳄鱼,是因为牙疼;住在他家里的宠物都知道他没钱,连食物都买不起,可是在非洲的猴子,就不知道什么是钱,不懂得为什么要付钱才有东西吃,他们最后的结论是:"人类真是奇怪的动物,谁要在这么奇怪的环境里生活呢?"这都是隔离的鸿沟。

推推拉拉

杜立德医生为什么跑到非洲去呢?原来一只燕子从非洲带来一个讯息,说那边有成千上百的猴子都生病了,要请杜立德医生到那边治疗这些生病的猴子。杜立德医生向别人借了一条小船,带着他的宠物,航行六个星期才到达非洲。他一抵达非洲,就被一个叫做后林奇(Jolliginki)国家的国王捉住关起来。不过,靠着他的鹦鹉波利尼西亚的计谋从监狱逃了出来,来到猴子居住的地方,还找到狮子和其他动物帮忙,把这些生病的猴子都治好了。猴子们对杜立德医生十分感激,有些猴子建议为他造一所大房子,把他留下来;有些猴子建议给他五十袋椰子、一百把香蕉让他带回去。当它们发现这些都不太切实际的时候,它们决定送他一只有两个头的羚羊,让杜立德医生带回去展览赚钱。

这只羚羊有两个头,一个在前,一个在后,没有尾巴,这种羚羊很难捉到，因为它的一个头看着前面，一个头看着后面，当它的一个头在睡觉时，另一个头就会醒着，当它的一张嘴在吃东西时，另一张嘴就可以讲话，但是，当它走路的时候，一个头要朝一个方向走，另一个头却要往反方向去。这种两个头的羚羊名字是"推推拉拉"（Pushmi Pullyu），发音就是"push me"（推我），"pull you"（拉你），"推我"、"拉你"正是两个头推推拉拉的意思。现在，在英文里"pushmi-pullyu"成为一个常用的词，代表两件相互牵制、抵触的事情，譬如说：事业和家庭、工作和健康往往不能兼顾，就像一只两头羚羊的推推拉拉一样；在中文里，孟子说过，鱼与熊掌二者不可兼得，也是相似的意思。

在神话传说里，也有很多相似的例子。罗马神话里，有一个有两张脸的神叫雅努斯（Janus），他是看守门户的神，因为他的两张脸就像门一样，可以同时看前又顾后，可以同时面外看内，甚至可以看过去、看未来。雅努斯也代表开始，这就是每年的第一个月叫做"January"的原因。在中国的传说里，哼哈二将是守护大门的神，一个能够鼻哼白气，一个能够口哈黄气，用来制服邪恶和敌人。

回到《镜花缘》里的唐敖、林之洋、多九公的故事。他们在海上航行，到了一个叫做"两面国"的国家，这个国家的人有两张面孔，当一个人看到衣着华贵的唐敖时，他一脸和颜悦色、满面谦恭，令人觉得可爱、可亲，可是当他看到衣着朴素的林之洋时，脸上冷冷的，也收起了笑容，谦恭也免了，说话也半吞半吐，面无表情。还有，这个国家的人，通常只露出一个面孔，用布巾把另外一个面孔盖起来，露出来善良的脸背后，用布盖起来的却是一张恶脸，扫帚眉，血盆口，青面獠牙，满脸横肉。当然，两面国里的人有两张面孔的譬喻是很明显的，我们常常看到许多人在仁慈、善良、诚实的脸孔背后，是另外一副奸诈、狡猾、恶毒的嘴脸，尤其是当你把他的布巾揭开，露出不容易被人看到的另一张脸时，他会喊打喊杀、要你的命。

黑白美丑

回到杜立德医生的故事，他把猴子们的病治好了，回家的路上还得经过后林奇这个国家，跟去程的时候一样，又被国王捉起来了，这次他如何脱身呢？原来，后林奇国王的儿子邦波（Bumpo）王子，觉得自己的脸的颜色太黑了，他去找睡美人，睡美人也不喜欢他，所以他想要把脸漂白，杜立德医生说："那身体的颜色又怎么办呢？"邦波王子说："那没关系，我穿上盔甲，就和别的王子一样了。"杜立德医生的交换条件是邦波王子替他们准备一条小船，让他们溜走开船回家。杜立德医生准备了一个洗脸盆的药，把邦波王子的脸按在洗脸盆里一阵子，然后，杜立德医生拿出一面镜子给邦波王子看，邦波王子太高兴了，他的脸真的漂得很白了，邦波王子跟杜立德医生要那面镜子，杜立德医生不肯，因为他没有把握，一些日子之后，邦波王子的脸会不会又变回黑色了。

让我打个岔，讲讲《镜花缘》里唐敖、林之洋和多九公访问"黑齿国"的故事。那里的人全身和牙齿都是黑的，一点朱唇，两道红眉，他们走在街上，大家礼节分明，男人走右边，女人走左边。唐敖跟两个十四五岁的女学生谈学问，发现她们不但懂得很多，而且对《论语》、《礼记》有很多地方都与古人有不同的见解，加上伶牙俐齿，唐敖根本讲不过她们。林之洋从船上带来的脂粉，想要卖给当地的妇女，她们都不感兴趣，她们要买的是书。唐敖在城门绕了一圈，说："刚到的时候，没有仔细看他们的面目，但是这一路看来，只觉得个个美貌无比，无论男女都是满脸书卷秀气，那种风流儒雅的神态，倒像是在这黑气中透出来的，回想那些脂粉之流，反而觉得他们丑了。"

唐敖一行人，后来又到"白民国"。那里泥土山石，都是白色的，田里开着白色的花，农夫也穿着白色的衣服在田里工作，城里的墙是白色的，桥是银色的，男女老少，个个面如白玉，唇白涂朱，白衣白帽，一概绫罗打扮，衣服大概都用异香熏过，芳香扑鼻。他们走到当地的学塾，看到老师学生都是衣帽鲜明，可是当他们开口读书时，白字错字连篇，真是虚有其表。

回到杜立德医生的故事。在回家的路上，杜立德医生和他的宠物们七嘴八舌，杜立德医生有点内疚，担心邦波王子的脸会变回黑色，但是又存着一丝希望不会再变回黑色，杜立德医生说，王子有一副好心肠，不管他的脸是什么颜色，能够觉得自己好看就是好看了，这也是杜立德医生不愿意把镜子留下来给邦波王子的原因。

我相信大家都听过安徒生（Hans Christian Andersen）童话《丑小鸭》的故事，这个故事是说，鸭妈妈孵了一群小鸭，小鸭们看起来都很正常，只有一只肥大笨重、毛色灰暗的小鸭，跟别的小鸭不一样，它被大家歧视排挤，自己单独地落跑了。冬去春来，它来到湖边，看到一群美丽的天鹅，当它看到湖中自己的倒影时，它才知道自己也是一只天鹅，而且湖边的小孩都说，它是最美丽的一只天鹅，这个故事结尾的一句是"I never dreamed of such happiness as this, while I was an ugly duckling."（当我是一只丑小鸭的时候，我做梦也没想到会这么快乐！）

一连串讲下来，从后林奇国里的邦波王子黑色和白色的脸，杜立德医生给他的药和镜子；唐敖在海外遇到的"黑齿国"的才女和"白民国"的老师；到最后变成天鹅的丑小鸭，都有许多相似的道理。

最后，我还得把杜立德医生的故事做一个结束。杜立德医生在回家的路上，还遇到一群海盗，不过，在鲨鱼、鲸鱼、海豚的保护之下，他们还是逢凶化吉，平安回到家乡。杜立德医生带着推推拉拉这只两头羚羊到各地巡回展示,靠着门票的收入,发了大财,他的结语是"Money is a terrible nuisance. But it's nice not to have to worry."(钱是一件讨厌的东西。不过,不必为钱烦恼也真不错。)

前面提到的故事《绿野仙踪》,里面的主题曲《彩虹曲》(*Somewhere Over the Rainbow*)在Youtube上可以找到一九三九年嘉兰(Judy Garland)唱的原版,还可以找到英国六岁小女孩塔尔博特(Connie Talbot)唱的新版,这两个版本都很动人。

星期二

人生就浓缩在短篇里

安徒生童话：《国王的新衣》

安徒生是丹麦人，他是十九世纪有名的童话大师，他写了一百多篇流传很广的童话，包括《丑小鸭》、《美人鱼》、《拇指姑娘》、《卖火柴的小女孩》等等，我相信大家都读过这些童话，今天我重新来讲讲他所写的《国王的新衣》。

很久以前，有一位国王，他最喜欢做的事情，就是添置新衣服，他不管操练军队，也不喜欢看戏、打猎，他每个钟头，都要换上一套新衣服。有一天，城里来了两个骗子，他们在国王面前自吹自擂，说他们是纺织的专家，他们纺织出来的布料，不但颜色鲜艳、花纹美丽，而且只有聪明和能干的人，才能够看得到这些布料；愚笨和无能的人，却什么也看不到。国王听了，非常高兴，要他们马上替他纺织，缝制这样的一件新衣服，好让他来判断他身边的人，哪些是笨蛋、傻瓜和无能的人。

这两个骗子跟国王要了许多珍贵的金丝和银线，架起两台纺织的机器，夜以继日地工作。过了一阵子，国王想要知道新衣服的进度，而且他想得很周到，他担心万一到了织布房，自己却看不到纺织机上面的布料的话，那不是证明他是愚笨无能的国王吗？于是他派了一位他认为最可靠、最能干的大臣先去看看，给他汇报。这位大臣到了织布房，看到这两个骗子，在空的纺织机上，忙个不停，却看不到他们纺织的布料，正在纳闷、着急的时候，这两个骗子走过来，指手画脚、口沫横飞地描述这匹布料的颜色和花纹，还很有礼貌地征求他的意见。这位大臣不敢承认他看不到这块布料，不但赞不绝口，还答应马上给国王汇报，再供应他们更多的金丝银线，作为材料。过了一阵子，国王又派了另外一位大臣去视察，也得到同样的汇报。这时国王美丽的新衣的消息，已经传开来了，整个城市都闹得沸沸扬扬。

终于有一天，国王自己带着这两位大臣和其他的官员来到织布房，两个骗子马上装得非常忙碌地工作，先前来过的两位大臣，就急着为国王和其他官员描述这块布料的颜色和花纹，虽然国王根本看不到他们描述的那块布料，但是他马上反应过来："我不能显得我是愚笨、我是无能的……"他也就大声地接口，称赞这块布料是怎样地美丽，表示极度的满意，跟着国王来的大臣，也异口同声地赞美、叫好，他们更建议国王，用这块布料做一套新的衣服，在下次出巡的时候，让全国人民开开眼界。

出巡的前一天，这两个骗子整个晚上都没有睡觉，忙着剪裁、缝纫国王的新衣。第二天，国王来了，他脱下旧的衣服，穿上仿佛像蜘蛛网一般轻盈的新衣，站在镜子面前，一看再看，连声问："这套衣服做得合身吗？"旁边的大臣们，不断地赞美、奉承。国王出巡的路上，老百姓夹道观看，欢声雷动，每个人都说：国王的衣服、围巾和披肩都非常美丽，因为没有人愿意承认自己是愚笨、无能的。不过,人群里突然有一个小孩子叫了出来:"国王根本没有穿衣服呀!"这句话在人群里开始传开,最后老百姓一起叫:"国王根本没有穿衣服呀!"国王听到了,知道老百姓是对的,但是他认为,出巡的行列不能够停下来,他还是挺着腰继续往前走。这就是大家都听过的《国王的新衣》的故事。

互信的基础

为什么会想要讲《国王的新衣》这个故事呢?在《神鬼交锋》(*Catch Me If You Can*)这部电影里,我们看到美国历史上最年轻、最大胆的一个骗子阿伯尼(Frank Abagnale Jr.)的故事。我们知道,人和人之间的互信,是维持一个和谐美好的共同生活所必备的条件,但是欺骗别人的骗子,有很多复杂的动机;被欺骗的受害者,也有很多不同的原因和理由,我们可以从不同的故事,得到许多不同的教训。

在《国王的新衣》这个故事里,首先,当然国王是被那两个骗子给骗了,无知、虚荣、贪婪往往是被骗子利用的心理。相信真的可以用金丝银线,纺织成眼睛看不到的布料是无知;相信电话里的警察的指示,为了安全的缘故,把银行里的存款,转到别的账户;相信喝了可以治高血压、糖尿病、癌症、肝硬化、胃溃疡的清水;相信电子邮件里说,只要提供个人的银行和户口资料,就可以和对方平分五千美元的现金;……这些都是事后看起来非常无知的行为。想要拥有独一无二、肉眼看不见、足以显示国王尊荣的衣服，是虚荣；付一笔可观的印刷费，名字就可以列在世界名人录里；你的儿子是天才儿童，必须付昂贵的学费，让他进专门为天才儿童设立的幼儿园，都是虚荣心在作祟，让我们被骗了。至于贪婪，更是骗子最常利用的心理，点石可以成金、每个礼拜可以保证有50%的回报、买彩票必中的明牌，都正是我们说的贪婪的"贪"字，变成贫穷的"贫"字。

在《国王的新衣》故事里，国王先后派了两个大臣去查核骗子们的工作进度，他们都向国王汇报说，看到了纺织出来的美丽布料，接下来每个大臣跟侍从们都这样讲，这就是典型的自欺欺人的心理。为了保护自己的利益、掩饰自己的愚蠢，当一个人犯了错误，发现了自己的缺点，往往不能够面对真相，承认自己的错失，接受应该承担的后果，却一口咬定"我没有错！"来力挺、硬撑。当一个人看到别人的错误，也没有勇气去指出别人的错误，只是用不知道、不清楚来蒙混过去，自欺欺人，用谎言来掩盖谎言，结果是一个不可收拾的大骗局。

最后，当国王穿着他的新衣出巡，当老百姓欢声雷动、拍手叫好的时候，第一个说出"国王根本没有穿衣服呀！"的人是一个天真未凿的小孩子，他不懂得虚荣和贪婪，他没有自欺欺人的心态，他还保有一颗赤子之心，众人皆醉我独醒，出淤泥而不染，这也是非常珍贵的特质。

《国王的新衣》续集

叶圣陶先生是中国近代有名的文学家，他写小说、新诗、散文，更是中国最有名的一位童话作家、儿童文学的拓荒者。

叶圣陶先生说：安徒生先生没有把《国王的新衣》的故事讲完，接下来还有下半段：经过那位天真无邪的小孩的提醒，人群里的老百姓都一起笑起来，一起大声叫："国王根本没有穿衣服呀！"但是，国王装着没有听到、装出很得意的样子，挺起腰往前走，国王身边的大臣官员想要笑，却又不敢笑，咬着嘴唇，随着国王往前走。可是，老百姓却不管那么多，笑声越来越大，国王生气了，他跟身边的大臣说："我这套新的衣服美丽、高贵，你们不也是这样说的吗？为什么这些老百姓这样无知？你马上宣布新的法令，他们这种行为是对国王不敬、是反叛的行为。"大臣当场大声地把法令宣布出来，笑声果然停止。可是，国王走了没多远，笑声又起来了，从小到大，国王更生气了，大臣马上下令，吩咐士兵把所有在笑的老百姓，不分男女老幼一律捉起来。从此以后，国王在宫殿里别的衣服都不穿，只穿这一套奇妙的新衣服，宫殿里的侍臣和妃子，起初觉得很可笑，但是当然不敢笑，渐渐地也就习惯了。

可是意外总是会发生的。有一个妃子，端了一杯红酒给国王喝，国王非常高兴，一口喝下去，喝得太急，酒喷出来洒在胸膛上，妃子说："哎呀！把胸膛弄脏了，赶快拿毛巾来替国王擦。"国王说："你说把什么弄脏了？"妃子马上改口说：

"是把衣服弄脏了。"但是那已经太迟了。国王说:"你说我没有穿衣服,你太愚笨、太不忠心,你犯了法,必须受惩罚。"有一位老臣,很婉转地跟国王说:"你这套衣服,穿了很久、也已经残旧了,不如换一套别的衣服穿吧!"但是国王说:"这套奇妙的衣服,是不会旧的,你还叫我换,只是想叫我倒霉,姑且体谅你年纪大了,也服侍了我多年,不杀头,关起来吧。"

自此以后,宫殿里大家讲话都特别小心谨慎。但是在外面的老百姓可管不了那么多。国王每次出巡的时候,老百姓总禁不住指指点点、议论和讥笑,国王就下令杀人,不过,最后老百姓还是向国王要求言论的自由、嘻笑的自由,大家齐心合力,连同国王的侍臣和士兵们,把国王的新衣给撕破了。

叶圣陶先生的《国王的新衣》下半段的故事,是在民国初年写的,他描写的是一位自大、独裁、凶暴的国王,最后他的新衣还是被争取自由的老百姓撕破了。几十年以后的今天,自由、民主和法治的浪潮,自然不再容许这样独裁的暴君存在,但是,我们还是看到借自由之名,侵犯别人的自由,在民主的大旗底下,用老百姓作为工具,精通法律而玩弄法律。古老的童话,还是有它的涵义和教训。

另类版《国王的新衣》

我们也可以把《国王的新衣》的故事改写一下。也许那个国王是很有心计的,当他派手下的大臣去查核两个骗子的工作进度时，有些大臣汇报，的确如同国王的预期，他们纺织出来的那块布料，颜色鲜艳，花纹美丽，国王大大夸奖他们聪明能干。有些大臣汇报，他们根本看不到那两个骗子在纺织那块布料，国王就以他们愚笨无能为理由，把这些大臣都杀了。这正是中国历史上"指鹿为马"的故事。秦朝秦二世的时候，丞相赵高想造反，为了试验一下朝中大臣有谁会对抗他，他把一只鹿献给秦二世，并说这是一匹马，秦二世笑着说："丞相错了吧！把鹿说成马了。"问旁边的人，有人不说话，有的说是鹿，有的说是马。事后，赵高就暗中把说实话的人杀掉了。

《国王的新衣》还可以有另外一个版本。国王穿着他的新衣出巡，回到宫殿，因为一整天没有穿衣服在外面跑，着了凉病倒了。他吩咐手底下两位重要的大臣共同主持国家的事务，但是从一开始，这两位大臣之间就产生了歧见，一位大臣说国王的新衣是绿色的，另一位大臣说国王的新衣是蓝色的。每个人都坚持他没有看错，每个人都坚持他看到的颜色是最美丽的，渐渐从宫廷里的官员，到全国上下，也分开来成为两个阵营，绿营和蓝营，他们坚持国王的新衣是绿色或者是蓝色的。因此，许多需要共同合作、共同努力的事情，都在绿和蓝不同的前提之下，合作变成对立，努力变成抗争。国王病好了，看到这个情形，他把大家召集起来跟他们说，我现在知道我这件新衣是不存在的，我相信你们也都知道是如此，用这件不存在的衣服的颜色，作为隔离分裂我们自己的理由，是最愚蠢不过的事情。

在一个民主自由的社会里,我们要尊重、更要鼓励不同的意见和声音的存在、表达、讨论和协调,如果用不存在的衣服的颜色,作为非理性讨论的前提,让它成为无法达到共识的绊脚石,受到伤害的不是别人,而是我们自己。我们看到别的国家,那里的人民,穿着不同颜色的衣服,有白的、有黑的、有棕的、有黄的,但是他们不让衣服的颜色变成一个分隔的屏障,他们在最近的一次全国选举里,展示了民主、和谐、包容的力量,当别人都在往前走的时候,我们怎能再走回头路呢?大家听了国王的话,都鼓起掌来了。

二〇〇八年,美国时间十一月四日的晚上,我在美国上飞机回台湾前,在电视里听到奥巴马先生胜利当选之后发表的演说,演说里他谈到两党政治的竞争,他说:"Let us resist the temptation to fall back on the same partisanship, and pettiness, and immaturity that has poisoned our politics for so long."(我们不要再走回头路,让隔阂、小器和幼稚,一再毒害我们的政治环境。)接着他引用林肯的话:"We are not enemies, but friends, ...though passion may have strained, it must not break our bond of affection."(我们不是敌人,我们是朋友,……情绪的冲击,难以避免,但是我们之间彼此的爱的相连,是不能被破坏的。)希望你喜欢《国王的新衣》这个故事。

与首饰有关的三则短篇小说

短篇小说之父

莫泊桑（Guy de Maupassant）是十九世纪的一位法国文学家，他写了三百多篇短篇小说，甚至被认为是近代短篇小说之父，今天我想介绍他的两篇短篇小说。

《项链》

第一篇《项链》（The Necklace），这篇小说的女主人翁是一位漂亮动人的女孩子，她出生在一个小公务员的家庭，没有嫁妆，不可能有什么期待，也没有机会认识有钱有地位的男人。她嫁给了在教育部工作的一个小科员，她穿着很朴素，也没有漂亮的衣服，更谈不上晚礼服和珠宝，可是她很喜欢打扮，就像那是她与生俱来的喜好，她要让别人开心和倾倒，也想要让别人妒忌她、追求她。但家中简陋的居处、陈旧的家具和破烂的窗帘让她很不开心，那个帮她打理家务的佣人，也让她看得不顺眼，觉得很委屈；她梦想中的住处是有安静的接待室、长长的会客大堂、精致的小客厅、挂在墙上的织锦和丝绸、铸铜打造的灯座、放满了珍品的橱柜和穿着制服的仆人。当她对着她先生坐下来吃饭时，铺在桌上的是三天没有换洗的桌布，放在桌上的是一大锅汤，她先生打开锅盖，迫不及待地叫"好喝，好喝"；但是，她梦想的是银制的餐具、名贵的瓷器、美味佳肴、弥漫着轻声浅笑的晚餐。

有一天,她先生下班时,兴高采烈地递给她一个信封,里面是教育部长夫妇邀请他们参加晚宴舞会的请帖,她先生特别强调,没有几个像他那么低层的小科员能够争取得到这样的一份请帖。但是她冷淡地回答她不要去,她的先生有点讶异地追问为什么时,她哭了起来,因为她没有晚礼服可以穿去参加舞会,她先生问,那么要多少钱可以买到一套简单、以后还可以再穿的晚礼服呢?她算了一下,说要四百法郎,她的先生脸色微微一变,就答应了,因为他正好有四百法郎的私房钱,本来是存下来预备买一把枪跟几个朋友去打猎用的。

接近舞会的前几天,她显得很不开心和焦虑,她的先生说:"晚礼服不是已经准备好了吗?"但是,她说:"我什么珠宝都没有,看起来很寒酸,在有钱人面前显得寒酸是最大的羞辱。"她先生突然想起她在中学时一位有钱的同学,建议她去看这位好久没有见面的同学,向她借一件珠宝来佩戴。她到了同学家里,她同学毫不犹疑地打开她的珠宝箱让她选择,当她看到放在黑缎盒子里的钻石项链时,她的心在跳、手在抖,她把项链戴上,看着镜子里自己美丽的身影出神。

在舞会上,她出尽风头,她比别的女宾都漂亮、高雅,却又在欢乐里带点疯狂,男士们都想要邀她共舞,她沉醉在喜悦中,忘形于她的美丽带来的胜利。她一直跳舞到凌晨四点钟,他先生和其他几位男士早已躺在小房间里打瞌睡了。她先生替她围上她常用的披肩,和其他贵妇穿着的皮革相较,是明显的贫富对比;别人都乘着自己的车回家,她和先生走到河边才好不容易找到一台破旧的出租车回家。

回到家里,脱下披肩,她突然尖叫起来,发现她借来的项链弄丢了。她先生穿上衣服,沿着回路一步步地去找,早上七点钟,他两手空空回到家里。他们去报警、在报上悬赏、去找出租车行都一无所获,一个礼拜之后,什么希望都消失了,她看起来就像老了五岁。她按照装项链的黑缎盒子上面的地址找到那个珠宝商,可是他们没有卖过这样一条项链的纪录,她一家家珠宝店去问,最后,在一家高贵的珠宝店里找到一条几乎完全一样的项链,要价三万六千法郎,她手上有她爸爸留给她的一万八千法郎,她的先生千方百计、东拼西凑,也管不了高利贷的利息借来了另外的一万八千法郎,把项链买下来。

她把项链还给她的朋友,她的朋友连盒子都没有打开,只是冷冷地说:"你该早点把项链送回来,说不定我也要用。"

她把佣人辞退了,一手做所有粗重的家事,把家搬到一个比较便宜的地方,她先生晚上打零工赚外快。十几年下来,他们把债还清了,她的确看起来很衰老,就像一个典型的贫穷老妇人、粗壮、硬朗、刻苦,整天为家务操劳。可是,偶然当她的先生出门上班时,她会坐在窗前,想起很久以前那个快乐的晚上,在舞会上美丽动人的她,假如她没有丢掉那串项链,她生命会有怎样的不同?谁知道?谁知道?

辛苦了一个礼拜之后的某个礼拜天,她在香榭大道上漫步散心时,看到了借给她项链的女同学,拖着一个小孩子,她依然美丽、依然年轻、依然迷人,她想既然借的债已经还清了,就鼓起勇气跟她打招呼,要把过去的事说给她听,她的女同学几乎认不得她,"你怎么变得这么老了!""因为你的缘故,我过了十年贫困的生活。""为什么?""我把你借给我的项链弄丢了,我另外买了一条还给你,我们花了十年的时间,才把债还清,我们过得很辛苦,但是整个事情终于告一段落了,我很开心。""你说你还给我的是另外买来的一条项链?""是的,你居然没有发现,那我的确找到一条跟原来很像的项链啦!"一边说她一边笑,带着一份骄傲和纯真的欢欣,她的同学很激动地拉着她的手说:"可怜的你,那条项链是一件赝品,顶多只不过值四百法郎而已!"这就是莫泊桑写的《项链》的故事。

我相信大家都想问一个问题:她同学有没有把真的钻石项链还给她?小说里没有告诉我们,也许她同学确实把钻石项链还给了她,她把项链卖掉,手上拿着三四万法郎,生活条件也就大大改善了;也许她同学的确把钻石项链还给了她,但是她把项链收起来,留给她五岁的女儿;也许她同学要把钻石项链还给她,但是她拒绝了,因为她已经习惯了目前的生活,这条项链对她已经没有意义了;也许她同学根本没有提起要把钻石项链还给她,只是淡淡地说再见吧!

听完《项链》的故事之后，也许许多人的第一个反应是虚荣心害得女主人翁和她的丈夫受了十年的苦，不过我倒觉得我们也不妨有些不同的观点，"虚荣"和"得体"的分界，往往是模糊的，穿一件漂亮的晚礼服、戴一件首饰去参加一个正式的晚宴舞会是得体多于虚荣。她花了四百法郎去买她的晚礼服，那只是她丈夫买一把枪去打猎的钱，买一把枪也可以算是豪华的消费呀！她向她的好同学借了一串项链，她同学乐于帮她一个忙呀！我反而觉得可以苛责的是她的好同学是不是因为虚荣心作祟，而没有跟她讲清楚那只是一条假钻石项链呢？

我觉得我们不必一定把女主人翁看成一个因为无心错误而受尽折磨的女子，她是一个负责任、勇敢地坚强面对事实的女子，小说里说："当她发现她要借一大笔钱，来买一条项链偿还给她同学时，她马上体会到穷人所过的是如何贫困的生活，但是她以突来的勇气担当一切，债一定要还，而且她会把债还清。"虽然莫泊桑在小说里没有告诉我们，但是，他们夫妇慢慢把债还清，渐入佳境的十年婚姻生活，何尝不可能是温馨美丽的十年呢？

《假珠宝》

莫泊桑有另外一篇短篇小说《假珠宝》（*The Jewelry*）。

故事里的男主人翁是有稳定工作的公务员朗丁先生（Mr. Lantin），他在他上司家里的一个晚会上，认得一位年轻貌美的女孩子，她满脸的笑容反映出背后纯洁可爱的心灵，她的爸爸刚去世不久，她和妈妈搬到巴黎来，目的就是希望她在巴黎找到一个好丈夫，她们母女安静、低调、诚实，虽然她们并不富有。朗丁先生向她求婚，也被接受了。

朗丁夫人很会管家，虽然朗丁先生收入有限，但是他们过着舒服甚至可以说是豪华的生活，朗丁夫人照顾朗丁先生无微不至，结婚六年了，朗丁先生还觉得他比他们新婚蜜月时更爱朗丁太太了。但是，有两件朗丁先生不喜欢的事情：朗丁太太喜欢去看戏，她的朋友常常替她买到戏院包厢的票，朗丁先生白天在办公厅累了一天，还是得陪她去看那些他觉得枯燥无味的表演；另外一件事情是，朗丁太太很喜欢收集假的珠宝。

过了一阵子，朗丁先生对陪夫人看戏的事，找到解套的办法，他建议朗丁夫人找她的女朋友陪她去看戏，自己留在家里休息，虽然起初朗丁夫人不愿意，后来她还是接受了。

至于她喜欢戴假的钻石耳环、假的珍珠项链、假的黄金手镯，虽然朗丁先生跟她说："我们买不起真的珠宝，自然纯真的美就足够了。"但是朗丁夫人说："这是我唯一的弱点。"有时候，他们两个吃过晚饭，坐在火炉旁边，朗丁夫人就一一欣赏她放在珠宝箱里、朗丁先生叫它们垃圾的假珠宝，朗丁夫人会拿着这些珠宝说："你看，这是不是跟真的一样！"朗丁夫人也会深情地把玩这些珠宝，似乎这些珠宝的背后有一份不可以言传的欢欣。

不幸的事情发生了，有一天，朗丁夫人看戏回家，着了凉，转成肺炎，八天之后就过世了。朗丁先生极度悲伤，不到一个月，他的头发全白了，心碎而流泪的他无法忘记朗丁夫人的声音和笑容。同时，现实生活也成了问题，他发现他的收入不足以应付家用的开支，更加没有办法想象怎样维持朗丁夫人在世的时候，家里经常享用美酒佳肴的好日子。

朗丁先生陷入了贫穷的困境，他忽然想到一个主意，变卖一些夫人留下来的假珠宝来补贴生活费用，他找了一条拿在手上相当沉重的项链，估计大概可以卖六个或者七个法郎。他走到一家小珠宝店去，店主反复小心地看了好久，说这条项链大概值一万两千到一万四千法郎，朗丁先生差点笑出来了，心想："这个笨蛋，连假的珠宝都看不出来！"几分钟之后，朗丁先生跑到巴黎最大的一家珠宝店，店主一眼就认出来，这是从他的店里买的珠宝，按照他的纪录，的确是一段时间以前送到他们家的地址，收件人也正是朗丁夫人。店主说："得先把项链留在这里，让我查证一下，明天你再回来，没有别的问题的话，我愿意用一万八千法郎把项链买下来。"

朗丁先生走出珠宝店，他弄糊涂了，他的夫人哪里来的钱买这么贵重的珠宝呢？但是，他明白了，那一定是一份礼物，一个可怕的疑问浮现他的脑海，那么别的珠宝也都是真的、也都是礼物吗？他一个晚上睡不着，整夜在哭泣。第二天，他想要忘记，但是不能忘记留在珠宝店那条项链，他回到珠宝店去，店主说：我已经查证清楚了，没有问题，我现在就付你一万八千法郎。朗丁先生的手抖着，接下一大叠法郎钞票放在口袋里。

朗丁先生把其他的珠宝也都卖掉了，共卖得了十几万法郎。他包了一部车在城里到处走，跟别人大声说："我有二十万法郎的身家！"他把工作辞掉了，跟他的上司说："突然得到超过三十万法郎的遗产！"他到最高贵的餐厅吃饭，告诉坐在他旁边看起来就像贵族的一个人，他手里有四十万法郎的现款，他发现去戏院看戏也挺有趣的，并不是那么枯燥。六个月之后，朗丁先生又再结婚了，他再婚的夫人是个品德很好的女孩子，但是她的脾气很坏，把朗丁先生烦死了。

到底朗丁夫人的珠宝是哪里来的呢？也许大家的猜想和朗丁先生的猜想都差不多。莫泊桑没有告诉我们，朗丁先生有没有想过，假如朗丁夫人没有不幸过世，他还会继续过着舒适甚至是豪华的生活，朗丁夫人会继续疼爱照顾他，让他在结了婚十年、二十年之后，还比蜜月期中更爱朗丁夫人；朗丁先生有没有想过，假如在朗丁夫人逝世之后，他把夫人的珠宝当做垃圾丢掉。他会怎样怀念朗丁夫人？到底朗丁先生知道得太多？还是知道得太少？

世界上有很多事情，知道是知识，不知道是无知；可以知道但是没有知道，可能是幸福；知道了却装作不知道，可能是智慧；不必知道却强行要知道，也许就是愚笨了吧。

亨利·詹姆士的赝品

另外，我要为大家介绍十九世纪有名的文学家亨利·詹姆士（Henry James）的一篇短篇小说，叫做《赝品》（Paste）。

阿瑟（Arthur）的父亲生前是一位牧师，他在三个礼拜前过世，很不幸他的继母在几天前也跟着走了。阿瑟正在和他的表姐夏绿蒂（Charlotte）一起处理他继母留下来的遗物，阿瑟的表情似乎是悲哀而没有多少痛苦，他跟夏绿蒂说："你来看，我又找到了许多东西。"

夏绿蒂是个聪明伶俐的女孩，在一个有钱人的家里当管家，她请了一个月的假回来帮忙，她希望能找到一些遗物带回去作纪念。夏绿蒂在一个老旧的匣子里发现一大堆钻石、红宝石、蓝宝石的首饰，还有闪闪发光的金属和玻璃的装饰品，当然，这不是从教堂里来的东西，阿瑟的继母也不可能拥有贵重的珠宝，她曾经在戏院里当过小演员，但那说不上多彩多姿，很可能还是折磨蛮多的一段生涯。

阿瑟说："这倒是她生前从来没有提起过的旧东西。"夏绿蒂不表示任何意见，淡淡地说："看起来倒是蛮特别的。"阿瑟说："这真够难看，便宜的镀金首饰，马铃薯一样大的钻石，这都是老一代的戏子们穿戴的粗陋首饰。"夏绿蒂说："可是，现在也有女演员会戴真的钻石呀！"阿瑟冷冷地说："也许有些吧！"夏绿蒂说："我是说那些不会演戏或者根本没有戏的小配角。"阿瑟说:"没有戏的小配角戴的才是最大的钻石呢!但是妈妈不是那种人。"夏绿蒂大胆地问下去:"你说她不是一个没有戏的小配角吗?"阿瑟避而不答:"总之,不是一个戴大钻石的小配角就是了。"

接着,话锋一转:"你看,这些垃圾,真的不值几个钱。不过,你要不要留几件下来作纪念?"夏绿蒂随手拿起两三件来看,都是俗不可耐的赝品,她还说:"这总可以卖几个钱吧!"阿瑟说:"值钱的话,她早就卖掉了,我父母亲从来没有钱可以留下来。"他又补了一句:"假如你在这里找到什么值钱的东西,欢迎你把它留下来。"夏绿蒂看了一下,找到一个小包,里面有一串珍珠项链,大颗的珍珠项链,拿在手上也相当沉重,她说:"这不一定是赝品吧!"阿瑟说:"这些珍珠晦暗无光,肯定是赝品,更何况,坦白来讲,她哪里来这么一串真的珍珠项链呢?"夏绿蒂说:"也许是别人送的吧?"阿瑟看了她一眼,好像表示这不是一个得体的问题,接着说:"你认为女演员会有很多圈外的来往吗?那是不可能的。"

第二天,当夏绿蒂要坐火车回她工作的地方时,阿瑟还特别重复:"你千万不可以认为我的继母是一个轻易和别人往来的人。"夏绿蒂说:"我明白,我先前讲的话有点不小心。"她接着说:"那串珍珠项链看起来就是粗劣的赝品,项链的环扣好像也不是纯金的。"阿瑟说:"那肯定是赝品。"可是,又转过来说:"假如那不是赝品,她又把它保存了那么久,难道……"然后他就讲不出来了。

夏绿蒂回到她工作的地方,主人正好要在家里办一个一连五天的盛筵,请来帮有钱人办宴会的专家纪太太。当纪太太意外地看到在夏绿蒂带回来那一堆珠宝饰物里的珍珠项链时,她大感兴趣,"那是姑姑留给你的吗?""不是,是她过世后,表弟和我在她的遗物里找出来的,表弟就把它送了给我。""表弟一直都对你那么好吗?""你为什么会这样问?""你知道那串珍珠项链是真的吗?你的表弟知道那是真的吗?"

当纪太太把那串项链戴上时得意极了,她告诉夏绿蒂,珍珠项链肯定是真的,只是多年被埋藏和遗忘,就像睡着了一样,珍珠需要常常被穿戴跟赞赏才会愈来愈有光泽。夏绿蒂说:"那我该怎么办?表弟把它和别的珠宝饰物送给我时,以为它是假的。"纪太太说:"难道你想要还给他吗?我可不懂,他自己是傻瓜。"夏绿蒂说:"是呀!我记得我还特别指出这串项链跟别的珠宝看起来是很不同的。"纪太太说:"那就好了。"

夏绿蒂接着往下说:"那么,这串项链是从哪里来的呢?"纪太太说:"你说可能是偷来的吗?""不可能,不过,姑姑以前是一个演员。""她长得好看吗?""年轻时看起来还很不错。"纪太太说:"原来如此。"夏绿蒂说:"那你认为这是别人送的礼物吗?可是,表弟很不喜欢这一个说法,表弟的生母很早就过世了,继母很用心地照顾他,看着他长大。"她的思路变得混乱了,既然项链是真的,她该把它还给表弟,但是，她要不要考虑若无其事地把项链和逝去的往事完全埋藏起来。纪太太说："你也可以把项链卖掉。"纪太太有意无意地下了一个伏笔。夏绿蒂不由得问："那么姑姑为什么没有把项链卖掉呢？是不是这也代表一份记忆呢？"

晚上的宴会上，纪太太向夏绿蒂借了那串项链，戴在她白白净净的脖子上，神采飞扬。五天的宴会结束了，虽然纪太太很想出点主意，插一手，把珍珠项链买下来，但是，夏绿蒂还是决定把项链还给表弟，她跟纪太太说："这串项链还得由表弟来处理。"

过了几个月，夏绿蒂才得空去看她的表弟，她把项链带给他，跟他解释这串项链是真的。阿瑟的脸色变得苍白，冷冷地说："我不相信！"还显得有点愤怒地加了一句："你知道这是令人痛心的影射。"她说："我是一个局外人，假如你不相信这串项链是真的，我也没办法。"他重复地说："这是低等的赝品。"夏绿蒂问："那么我可以把它带回去吗？"阿瑟说："我要征询别人的意见，我要去找一家高级珠宝店里的人来看看。"她问："如果他们说项链是真的呢？"他回应她："那是不可能的！"

过了一段期间后，夏绿蒂在她主人的一个宴会结束时，遇到纪太太，纪太太迫不及待地问夏绿蒂有没有看到她脖子上的珍珠项链，夏绿蒂说："这跟阿瑟那一串项链很像呀！"纪太太说："这就是阿瑟那一串，我费了好些力气在一间高级的珠宝店找到的,阿瑟把项链卖掉了。"夏绿蒂说:"把项链卖掉了?阿瑟还写信骂了我一顿,说我的想法对他继母很不敬,他已经把那串假的项链打得粉碎了。"

纪太太回去了,夏绿蒂倒记起,纪太太曾经问过她阿瑟的地址,所以,到底纪太太有没有去找过他呢?

真与假

在法国文学家莫泊桑的短篇小说《项链》的故事里,莫泊桑描写一位漂亮动人的女孩子,出身平凡,嫁给了一个小公务员,过着平淡的生活。为了参加教育部长的晚宴舞会,花了一大笔钱买了一件晚礼服,还向她很富有的高中同学借了一条钻石项链,不幸在舞会里或者在舞会回家的路上,她把项链搞丢了,她借钱买到一条相似的项链还给她的同学。为了还债,他们两夫妇过了十年辛苦贫困的生活,当她再遇到她的高中同学时,她才知道,原来丢掉的项链是一件赝品。

在莫泊桑的另一篇小说《假珠宝》的故事里,男女主角朗丁先生和朗丁夫人,朗丁先生是个小公务员,收入微薄,但是朗丁夫人很会管家,照顾朗丁先生无微不至,生活也过得很舒适,朗丁夫人喜欢看戏,又喜欢收集耀目的假珠宝。朗丁夫人不幸病逝了,当朗丁先生生活过得越来越贫困时,他把朗丁夫人留下来的假珠宝拿到外面变卖,却发现它们是贵重的真珠宝。

在《项链》的故事里,女主人翁以为是真的钻石项链,原来是假的；在《假珠宝》的故事里，朗丁先生以为是假的珠宝，原来是真的；在亨利·詹姆士《赝品》的故事里，阿瑟和夏绿蒂以为是假的珍珠项链，却原来是真的。

詹姆士和莫泊桑是同一个时期的小说家，詹姆士刻意把莫泊桑《项链》的故事倒过来写。不过，在《赝品》故事里的几个人物对那串珍珠项链是真是假的反应是比较复杂的，起初阿瑟和夏绿蒂都认为那串项链是假的，因为阿瑟的父亲和继母一直过着清贫单纯的生活，可是当他们发现那串项链是真的时，他们马上反应"那是不可能的"，因为他们不愿意把这串真的项链联想成是一份贵重的礼物。当夏绿蒂知道这串项链是真的时，她毫不犹豫地要把它还给阿瑟；可是当阿瑟被告知这串项链是真的时，他一口咬定项链是假的，把夏绿蒂打发走，后来他告诉夏绿蒂他把项链打碎了，他的确还是认为项链是假的呢？还是他出于愤怒，出于躲避真相，而把项链打碎了呢？还是他真的像纪太太所讲，把项链卖掉呢？至于纪太太，真的在珠宝店找到那串项链吗？还是她偷偷跑到阿瑟家和他作了一个交易呢？

最后，夏绿蒂心安理得，因为不管是真的还是假的，她把项链还给了阿瑟，她压根没有想过要把项链偷偷留下来处理掉。阿瑟应该是发了一笔小财吧，不知道他有没有想过该分一半给夏绿蒂？至于纪太太呢？她用了一点心思，最终还是得到她喜欢的项链。

其实，在莫泊桑《假珠宝》的故事里，朗丁先生和阿瑟的心态有很多相似的地方，起初他不愿意面对那些珠宝到底是真的、还是假的这个问题，可是当他知道了、接受了真相之后，他放得很开，好好享受他的财富，只是他后来再婚，过得并不快活。

在《红楼梦》第五回里，贾宝玉神游太虚幻境时看到一副对联"假作真时真亦假，无为有处有还无"，意思是：把假的看成真的，其实真的何尝不也是假的；把没有变成有，其实有也何尝不是没有。真和假、有和无，不见得是一定可以一分为二的观念。

在这三篇小说里，作者接受了一个前提，那就是珠宝的真假、财富的有无是绝对的、可以验证的、可以一分为二的。也许在一个珠宝商的实验室里，真和假的钻石、真和假的珍珠是可以毫无疑问地断定的；也许在银行的账目里，有钱和没钱是可以毫无疑问地清算的。但是，一个大老板送给女朋友晶亮无瑕、价值连城的钻石、耳环和一个小科员勉强买得起不到一克拉的钻石订婚戒指，何尝不都是真的钻石？超过十亿的存款，是不是真的比一个小科员每个月努力赚来的几万块的薪水要多得多？更何况，大人物讲的话都是真理吗？辩护律师的证词都是真相吗？阿谀奉承代表的都是真的尊敬吗？甜言蜜语表达的都是真爱吗？雾里的花，看不清楚，却是真的；水中的影，清晰明亮，却是假的。真真假假，假假真真，有时是无法断定的。

不过，在这三篇小说里，作者也给我们很多的启示。即使珠宝是真是假，已经有一个定论，一定要把真相找出来是不是必要？知道真相是不是一定会快乐？不知道真相会不会是福气？知道真相却当做不知道，需要的是智慧；硬要从一个固定的观点去解释真相，那可能就是愚蠢了。

最后，我倒很喜欢这三篇小说里主人翁的命运，《项链》里的主人翁，无怨无尤地把债还清了；《假珠宝》里的朗丁夫人，上戏院、收集珠宝，还好好地照顾朗丁先生；《赝品》里的夏绿蒂，把项链交还给她的表弟，心安理得，也不管阿瑟怎样去处理那条项链。其实，在一个假假真真的世界里，能够尽自己的心、尽自己的力，何尝不就是最容易依随，也最能够让自己快乐的原则呢？

星期三
影射现实的成人寓言

《一九八四》

为对抗极权而诞生的名著

英国小说家奥威尔（George Orwell），本名布莱尔（Eric Arthur Blair），他有两本非常有名的著作，一本是《动物农庄》（Animal Farm）在一九四五年出版，这是一本以动物为主角的寓言，另外一本书名是《一九八四》（1984），在一九四九年出版，描写一个叫做大洋洲（Oceania）的虚拟国家里人民的生活情形。这两本书用譬喻、讽刺和虚拟的方式描述一个极权主义政府的架构和运作，及在极权主义政府下，小老百姓的生活情形。奥威尔的小说反映了他在第二次世界大战前后对德国希特勒（Adolf Hitler）的纳粹主义政府、意大利墨索里尼（Benito Mussolini）的法西斯政府主义、西班牙佛朗哥（Francisco Franco）的独裁主义政府，特别是苏联斯大林（Joseph Stalin）的极权主义政府所作所为的观察和体验，透过这两本小说，他对极权主义会带来的痛苦和灾难提出警告。

当然这是五六十年以前写的书，其中描述的是五六十年以前的历史背景，但是到了二十一世纪的今天，环顾全世界，我们依然可以看到许多奥威尔描写的极权主义政府的例子。绝对的权力追求，即使开始于理念和抱负，往往无法逃避随着权力而来的财富和英雄主义的诱惑，因此，为了获得和巩固绝对的权力，战争、斗争、迫害、控制监管和剥削劳役都成为常用的手段，而最后带来的是贪腐、浪费、贫穷、动乱和灭亡。古人说："后之视今，亦犹今之视昔。"所以当我们谈奥威尔的书时，我们不但看到五六十年以前的历史，也看到近六十年来一再重复发生的事件中的影子，更不能排除那是为未来的五六十年所作的预告。而极权主义也不限于政治社会的整体全面控制，在军事、经济、资源、言论、学术上，极权主义存在的例子，也比比皆是，所以当我们谈奥威尔的书时，也应该宏观地解释书里所描述的各个不同的面向。

造神运动与钳制思想

《一九八四》这本书里的大洋洲是个一党专政的国家，党的领导人就是国家的领导人，叫做"老大哥"（Big Brother），在小说里没有说清楚到底老大哥是一个人还是虚构的形象。他有至高无上的权力，什么事都可以管；他有至高无上的智慧，永远都是对的；他更是无时不在、无处不在。在大洋洲里一句最重要的口号就是"老大哥正在看着你"（Big Brother is watching you.），没有任何事情可以逃过老大哥的法眼，也没有任何事情可以跳出老大哥的掌心，这就是在统治驱动群众的手段里所谓的"造神运动"（Apotheosis）。其实在古老的希腊、罗马和中国文化里，都有把死去的统治者或英雄人物提升到神的地位的做法，例如三国时代的关羽，在中国很多地方被当做神来膜拜。从统治领导的观点来看，造神运动是要把活着的领导人、统治者神格化，让他们得到群众的敬畏，甚至爱，因而达到全面领导、统治的目的。

正如在《一九八四》这本书里所说，你不能怀恨老大哥，即使尊敬他还是不够，你还必须爱他。像德国的希特勒、苏联的斯大林、朝鲜的金日成、古巴的卡斯特罗，都是被神格化的威权领导者。今天在民主国家里，政治上的领导人已不再轻易地被神格化，甚至有一个幽默的说法"神仙老虎狗"，那就是在民主国家里，领导人到底被视为神仙？还是老虎？还是狗呢？

在大洋洲里，"老大哥正在看着你"不只是一句口号而已，在任何地方都有双向的电视屏幕和麦克风，可以随时把公告、命令和宣传的数据传达给每个人，也可以同时监视每个人的一举一动、一言一行。举例来说，每天十一点钟，电视会播出叫做"两分钟的仇恨"的短片，反复述说领头背叛政府的反对分子的罪行，也播出要灌输入人民脑袋的口号："战争就是和平，自由就是奴役，无知就是力量。"除了控制言行举止外，政府更要控制人民的思想，政府有思想警察的组织，思想警察的责任就是逮捕惩罚犯了"思想罪"的人，思想罪就是在脑子里存有政府不允许有的思想。

书里有句话"死亡不是思想罪恶的后果，思想罪恶本身就是死亡"，换句话说"死亡不是思想罪恶的后果"，只是提出警告不要犯思想罪，因为后果会很严重，"思想罪恶本身就是死亡"，却是严厉地说"不可以犯思想罪"，这正是说对思想的控制是从基本的大脑出发。政府也有告密的网民，打小报告，告发别人的思想罪，还有少年侦探队负起告发大人特别是自己的父母家人犯的思想罪的责任。

到了二十一世纪的今天，"老大哥正在看着你"这句话已经成为大家常用而包罗更广的一句话。首先从技术的观点来说，奥威尔在六十年前，只预想到双向的电视屏幕，今天我们除了录像、录音的工具外，还有手机、计算机、网络、人造卫星等收集、传递、储存、搜索数据的技术和工具，我们的狗仔队也远比大洋洲里的少年侦探队来得有效率，有了这些技术，老大哥对人民的监管，的确是巨细靡遗、了如指掌。

而且，这个老大哥除了政府之外，也包括银行、电信公司、航空公司和提供网络服务的公司，例如 Google、Yahoo 等等。一个人的收入，税务局有详细的纪录；一个人的健康状况，卫生署经由健保卡有详细的纪录；一个人用信用卡在何时何地买了什么东西，银行一笔笔地记下来，他的信用卡按月付款的纪录，也显示了他的经济周转能力；电信公司有完整的通联纪录，和谁通话，讲了多久都是现成的资料；一个人使用网络，浏览哪些网站，在网站上买什么东西，网络服务公司都知道。

毫无疑问，掌握了这些资料，就掌握了很大的权力和影响力。今天虽然我们没有狭义的极权主义政府在监视控管我们，但是我们政府的某个部门、某个企业、某个媒体集团都是看着我们的老大哥，也都有成为极权老大哥的危险。

四个充满讽刺意味的部门

大洋洲的政府有四个部门:"和平部"(Ministry of Peace)、"丰裕部"(Ministry of Plenty)、"大爱部"(Ministry of Love)和"真理部"(Ministry of Truth),这些部门的责任和工作正与它们名字的含义相反。

和平部管的是军事和战争,它的责任是维持永久的战争状态,这也正是上面讲过那句口号"战争就是和平"的意思。和平部要对抗外力的入侵更要应付虚拟的外力挑衅。一个极权主义的政府,除了要靠强大的军事力量,巩固它在世界政治舞台上的地位,同时,极权主义的统治者以惯用伎俩来应付内部问题,就是用虚拟外力挑衅来转移人民的注意力,当国家永远处在战争状态时,人民对许多内部问题只能接受、容忍和牺牲了。

丰裕部主管大洋洲的计划经济,负责生产分配人民的生活必需品,甚至负责捏造美丽的数据来掩盖计划经济的失败。丰裕部的任务除了管理人民生活之外,还有两个更深的层次:第一,要把生产生活必需品的资源转移到生产军事武器上,牺牲人民的生活条件而增强武装实力;第二,站在统治者的立场,贫穷的人民要比富足的人民容易统治,所以也不要让他们过得太好。

大爱部的责任是侦查逮捕犯了思想罪的人,用恐惧、憎恨、折磨和酷刑等手段来惩罚他们、改造他们的思想及他们的脑，负责处理思想罪的思想警察就是隶属大爱部。大爱部的大楼没有窗，坚牢的铁门周围都是铁丝网，里面的灯永远开着，正如小说里的描写"那是一个没有黑暗的地方"。上面讲过大爱部的名称和它们的责任跟工作是正好相反的，另一个解释是大爱部要把对统治者老大哥的爱，灌输到每一个犯了思想罪的脑子里去。

真理部是小说里的主角史密斯（Winston Smith）工作的地方，他只不过是真理部的小职员而已。真理部的大楼外面有三个大标语"战争就是和平"、"自由就是奴役"、"无知就是力量"。真理部负责历史纪录、媒体报导、娱乐活动和教育工作，他们有一句口号是"能够控制过去就能够控制未来，能够控制现在就能控制过去"，所以真理部的任务之一就是篡改历史。

当然，站在学术的观点来说，"历史的确不过是大家共同接受的一个描述而已"，但是当这句话被改成"历史不过是大家共同接受的一个谎言而已"的时候，真理部就负起修改过去历史的责任了。中国历史上也有秦朝丞相赵高"指鹿为马"的故事。真理部还负责把老大哥塑造成一个英明睿智的形象，掩盖政府的过失，譬如说老大哥在一场演讲里对世界政治情势作了一个误判，因此必须把原来的讲词改过来。

不久前政府对经济成长预估的数目和实在的结果有差距，那么这两个数字必须作一个调整，让预估和结果完全一致。在二十一世纪的今天，虽然在民主国家里没有真理部，但是每个国家都有新闻局、总统府发言人，还有规模庞大铺天盖地的媒体，虽然他们都以报导真相、发掘真相为目标，但是他们也必须以大洋洲的真理部的所作所为作为警惕。

独特的语言与思想

大洋洲的语言是一种新的语言，叫做"新语"（newspeak），新语里有一个极端的观点，是"不能够说出来的观点，就变成不可以想到的观念，就变成不存在的观念"。站在学术的观点来看，语言是表达思想的工具，丰富的语言才能够把思想精准地表达出来，同时语言也影响思想的发展。

大洋洲语言是以控制思想为目的而设计的语言，它是世界上唯一字和词的数目会逐渐递减的语言，因此许多旧观念会随着表达这个观念的字和词的消失而消失，许多新观念因为没有可以用来表达的字和词而不能被引进，例如在语言里没有"自由"和"反抗"这两个词，那么"自由"和"反抗"这两个观念就不会再存在了。在新语里每个字义都清楚而不模糊，这也反映了极权政府思想控制的手段。当一个语言逐渐萎缩的时候，许多故有的文化传统和遗产就逐渐萎缩消失了，在小说里就提及，到了二〇五〇年，莎士比亚、拜伦等的作品都会改用新语的版本，不但原来外在的声韵和结构会改变，它们的含义也会改变，甚至变成和原文相反。

在我们生活的世界里，语言是活的，是不断随着时间而改变的,但我们希望语言要朝着更丰富更活泼的方向发展,火星文、外来语和方言都有增强、加分的作用,但是不能够以古老困难的借口而让我们的语言文字萎缩。

在大洋洲里有一个重要的思考方式叫做"矛盾思想"或者"双重思想"(double think),那是一个思想控制的做法,矛盾思想是同时接受两个相反的理念,首先,矛盾思想并不等于虚伪,虚伪是心里只接受一个理念,口头上可以接受一个相反的理念。在矛盾思想的控制之下,当敌人说黑就是白,一千人会说那是错误的,当领导人说黑就是白,他也会服从领导的指示;知道接受一个事情的真相,也都会同时编出一个与事实完全相反的谎言;知道贪污是罪行,也认为贪污是一个必要的手段,都是矛盾思想的例子。

最后,我得简单地提一下,在一个极权主义的社会里,独立不同的人性是没有存在空间的,人和人之间的关系是单方面,甚至是单功能的。在小说里,男主角史密斯和他的女朋友茱莉(Julie)的交往和他的上司奥布莱恩(O'Brien)的互动都呈现了这些层面,因为最终还是老大哥在做全面的监察控制。

后之视今,亦犹今之视昔,细读五六十年以前的老书,还是有恍然在眼前的感受。

《动物农庄》

什么是主义？

在这里为大家介绍另一本书《动物农庄》，是在一九四五年出版的。许多人都把这本书与《一九八四》列入二十世纪最重要的一百本英文小说里。《动物农庄》是一本以动物为主角的寓言，《一九八四》可以解释为作者在一九四八年对未来的一个描述，这两本书讲的都是在极权主义社会里生活的情形。

首先先厘清两个政治学上的名词，"独裁主义"（Authoritarianism）的政府是一个全部政治权力都集中在一个人身上或者一个政党、一个委员会的政治制度。如果，全部政治权力都集中在一个人身上，这个人就是一个"独裁者"（dictator）；"极权主义"（Totalitarianism）的政府是一个对人民生活做全面控管的政府，除了公共事务之外，政府对个人的生活、思想、意见和行为都要限制和规范。换句话说，独裁主义的重点是政府用什么方式去管，极权主义的重点是政府要管些什么。

从观念上来说，一个独裁主义的政府不见得一定是一个极权主义的政府，因为一个独裁主义的政府可能只会管公共事务，但是从现实面而言，一个极权主义的政府自然必须是一个独裁主义的政府，因为，唯有把权力集中才可以什么都管，为所欲为。

也让我厘清两个经济学里的名词："社会主义"（Socialism）主张由中央政府整体规划、集中控制全面的经济行为；相反地，"资本主义"（Capitalism）主张自由市场、私有财产的经济原则。在观念上，经济系统和政治系统可以分开来谈，但是从现实面而言，要执行社会主义的经济原则，政治上的威权是必需的手段。一个明显的例子就是在列宁、斯大林领导之下的苏联。所以，这两个名词也因此往往混为一谈了。

纳粹的掌权

为什么奥威尔在一九四〇年代会想写这两本书呢？让我们复习一下那个时代的政治环境，首先，从一九三三到一九四五年，德国在希特勒领导下倡导的"国家社会主义"（National Socialism）建立了一个极权主义的政治架构，主张集体经济、国家主义和种族优异，反对政治和经济上的自由。

希特勒在二次大战为德国和整个世界带来的惨痛经验，让大家对极权主义更了解，也更担心和恐惧。

让我先解释一下"纳粹主义"（Nazism）这个词，"纳粹"（Nazi）这个字来自德文"国家社会主义"（Nationaler Sozialismus）这个字里"Na"和"Zi"这个两个音节，今日，我们会用纳粹主义这个词来代表希特勒领导之下，在政治、经济、社会上的所作所为。纳粹主义这个词也因此有了一个负面的形象。

苏联的出现

另外一位对奥威尔有更直接影响的是一九一七年到一九四五年俄国政治和经济改变的历史。俄国一九一七年的"二月革命"和十月革命推翻了俄罗斯帝国，建立了苏维埃联邦，简称苏联。列宁当选为苏维埃政府（Council of People's Commissars）的主席，也就是核心的领导人。在这权力核心里，也包括了托洛茨基（Leon Trotsky）和斯大林，不过，随着革命成功而来的是改革也是动荡，包括了：内战的持续、波兰的边境战争、新的经济方案的争议和权力的斗争。

一九二四年列宁逝世，一九二九年托洛茨基被放逐，斯大林跃登苏维埃联邦的领导地位，他推动一连串中央规划掌控的经济计划，叫做"五年计划"，在工业化和集体经济的前提下，农业经济受到相当大的创伤，在很长的一段时期，粮食和物质缺乏的情况相当严重。斯大林在一九三〇年代推行清算斗争运动，排除异己，建立集中营和组织秘密警察，把少数民族驱离放逐至国外，直到他在一九五三年去世，斯大林统治苏联长达三十年之久。

在二十世纪的前半世纪，希特勒领导的德国政府，可以说是极权主义政府最明显也最令人引以为戒的例子。

奥韦尔的两本书扮演了暮鼓晨钟的角色，以讽刺譬喻的方式告诉我们，一个腐败的极权主义政府里贪污、恶毒、无知、短视和冷漠的行为，会带给国家社会的祸害，也描述了在一个腐败的极权主义政府底下，人民物质生活的匮乏，思想和行动自由受到限制和人性尊严被剥夺的情形。

历史总是不断重演

有人说，这是六七十年以前的历史，奥威尔的书也是六七十年以前的老书了，不过，让我们记得，《旧约圣经·传道书》第一章第九节（Ecclesiastes 1：9）说："已有的事，后必再有；已行的事，后必再行。日光之下并无新事。"（What has been is what will be, and what has been done is what will be done. And there is nothing new under the sun.）

远在公元前四百年，希腊历史学家修昔底德斯（Thucydides）说过历史会一再重演（History repeats itself.），马克思倒在这句话后面加了一句，他说："历史会一再重演，第一次重演是悲剧，第二次重演是闹剧。"

当我们回顾历史上许许多多的革命运动时，我们会想起一句话："一个好的革命带来的往往是坏的民主，甚至是独裁和极权。"也有一句话："权力使人腐化。"从奥威尔的书出版前几千年到出版之后六十多年的今天，有许许多多的例子在非洲、中南美、东南亚、中东、印度，一再验证了这两句话的含义。包括之前南非的选举，不过是最近的一个例子而已。奥威尔的这两本书非常值得我们去细读。

大白猪老上校

奥威尔《动物农庄》的故事里，农场的主人琼斯先生（Mr. Jones）已经喝得醉醺醺的了，他匆匆忙忙把鸡棚的门关上，打着灯火摇摇晃晃地走回他在农场里居住的房子，又喝了一杯啤酒，倒头就睡，然后在床上已经鼾声如雷了……

等琼斯先生房间内灯油耗尽，熄灭了，农场里的动物就起了一阵骚动，大家相互传言说，老上校（Old Major）前天晚上做了一个很奇怪的梦，它要把这个梦告诉大家。

老上校是一头大白猪，它已经十二岁了，看起来就是一副仁慈智慧的样子，在农场里受到所有动物的尊敬。在这里，琼斯先生是逐渐没落而失去控管权的主人，影射俄罗斯帝国最后的沙皇尼古拉二世（Nicholas Ⅱ）；老上校是一位思想家、理论家，影射马克思和列宁，也有人说是影射托洛茨基。

老上校已经在谷仓里舒适地高踞在稻草堆上，陆陆续续地，狗来了，别的猪也来了，鸡和鸽子也在窗框边沿上站稳了，还有两匹马，它们身强体壮，负责拖车，尤其是叫做拳师（Boxer）的那匹公马，虽然，它不算是绝顶聪明，却是以性情稳定、工作努力受到大家的尊敬；这两匹马代表响应革命领袖的号召，对革命理念的忠实追随者。还有驴子班杰明（Benjamin），它是农场里最老的动物，很少开口，开口时也多是说些愤世嫉俗的话，它代表对革命思想存疑却懂得明哲保身的人。奥威尔说驴子班杰明影射他自己，唯一缺席的是名叫摩西（Moses）的一只乌鸦。大白猪老上校开口讲话了……

同志们，大家都知道我昨天做了一个很奇怪的梦，不过，在跟大家讲这个梦之前，有些话要先讲。我顶多只剩几个月的寿命了，我要把我的一点智慧和大家分享。同志们，我们的生命是短暂、辛苦和悲惨的，在我们的生活里，只有最起码的食物供应，我们有工作能力的时候，被用尽最后一点力气，没有工作能力的时候，就被送到屠宰场去了。在整个英国，没有一只动物知道什么是自由和快乐，为什么会这样呢？答案是一个字："人"。

"人类"不从事生产，却把我们生产的结果偷抢掠夺，我还真是好运气，能够活到这一把年纪，生了四百多个子孙，你们之间猪也好，羊也好，鸡也好，牛也好，都难逃被宰杀的命运。我们唯有把"人类"驱逐、消灭，才能够享受到我们辛苦的成果，变成富有和自由。同志们，让我们团结一致起来反抗，所有的动物都是同志，所有的"人类"都是敌人。有四条腿、有翅膀的都是同志，有两条腿的都是敌人。我们要牢牢记住：当我们和"人类"抗争时，不可以学他们的坏习惯，"动物"不可以住在房子里，不可以在床上睡觉，不可以穿衣服，不可以喝酒、抽烟，更不可以碰金钱、财物。

现在，让我来跟大家讲我昨天那个奇怪的梦，那个梦是关于当"人类"被消灭后地球上的情形。不过，我实在没办法为大家描述那个梦境，可是，那倒让我记起我小时候唱过的一首歌，其中有几句是："普天下的动物倾听我喜悦的佳音，倾听那金色的未来，暴虐的人类将会被消灭，富饶的大地上，只有动物的足迹，那一天迟早会到来。"

老上校带着大家一起唱，越唱越起劲，把琼斯先生从睡梦中吵醒，他以为有狼跑到农场里，拿起枪，对空鸣枪，动物们都吓得跑回去睡觉了。

诸位一定听得出来，老上校是一个鼓吹革命的思想家，它口口声声称大家为同志，也罗列压迫者统治者的罪行，它强调团结平等，抗争革命，它提醒大家在革命成功后，不要变得腐败堕落，它有一个金色未来的美梦，却又没有办法把这个美梦描绘出来，但是，它很会带领大家慷慨激昂地唱革命歌。

三只小猪

三天之后，老上校安详地逝世了。那是初春三月，在接下来的几个月里，有许多秘密的活动在进行，老上校的演说鼓舞了许多智力比较高的动物，它们觉得即使不能够预估发动反抗革命的时机，准备的工作包括教育和组织必须积极进行。这些工作很自然地落在猪的身上，因为它们被认为是最聪明的动物，特别有两头猪，一头叫拿破仑（Napolean），它话不多，但是很有霸气,后来它成为农场里动物的暴君和领袖,这影射斯大林;另一头叫雪球(Snowball),它口才好,脑筋快,但是被认为深度不足,它后来被拿破仑赶出了农场,这影射托洛茨基。还有一只圆脸尖声目光闪闪的小肥猪,它能言善道,能把死说成活,白说成黑,它成为拿破仑的传声筒、文宣部主任。

这三只小猪把老上校的教义阐述延伸,发展出一套动物主义的理论和教条,每个礼拜的好几个晚上,当琼斯先生睡觉时,它们就开始对其他动物进行群众教育,它们也得解答许多疑问,例如:有些动物担心如果琼斯先生不再留在农场的话,动物们会不会因为没有人照顾、喂养而饿死?乌鸦摩西又散布一个传说:动物死了都会去天堂,在那里不必工作,天天有糖吃。三只小猪得粉碎这种不真实的传说。不过,那两匹强壮的马,却是最忠实的学生,信任它们,相信领导,自己不会动脑筋去胡思乱想。

在毫无预警的情形下,在夏天收割前,动物的反抗革命爆发了,琼斯先生只顾着喝酒,他手下的人又懒惰、不诚实,动物没有人照料,没人割野草,屋顶漏水没人维修,篱笆破了也没人修补。星期六晚上琼斯先生到城里喝酒,到了礼拜天下午喝到烂醉如泥才回来。动物们一整天没饭吃,再也受不了了,一头牛首先把琼斯先生住的房子的门冲破,动物们连踢带撞把琼斯先生和他的助手赶到农场外面去了。

反抗革命完全成功了。首先,动物们全体绕着农场大游行，要确保没有任何"人类"还留在农场，更要把琼斯先生遗留下来令人憎恨的痕迹消除——杀猪宰羊的刀、牵狗的铁链、牛鼻子的铁环、马鞍和眼罩通通被销毁了。拿破仑发给每只动物双份的口粮，大家反复同声高唱革命歌。

第二天早上，动物们醒过来，早餐之后，拿破仑和雪球把大家召集起来说："同志们，这个农场完全属于我们了，今天，我们得开始收割。"这时，三头母牛埋怨说，它们已经整整二十四小时没挤奶了，涨得很难过，领导的猪马上安排，帮母牛挤了整整五桶牛奶，拿破仑说："好了，大家出去收割吧！"有一只动物问，这些牛奶该怎么处理？拿破仑说："你不必管了，赶快去收割吧！"晚上，动物们收割回来时，那五桶牛奶不知道跑到哪里去了。

动物的七大戒条

《动物农庄》农场里动物的反抗革命成功之后，它们首先订定了动物的七大戒条：

第一，用两条腿走路的都是敌人；

第二，用四条腿走路的或者用翅膀飞行的都是朋友；

第三，动物不得穿衣服；

第四，动物不得在床上睡觉；

第五，动物不得喝酒；

第六，动物不得伤害任何其他动物；

第七，所有动物一律平等。

它们还把这七大戒条写在墙上，这七大戒条影射教义、信条和宣言。

反抗革命成功之后，农场里的动物就忙于收割。猪是最聪明的动物，它们当领导发号施令，而不必亲自出力工作，它们代表统治阶层；那两匹马，力气最大，也是最努力的；其他的动物们也都各尽所能，它们代表基层的老百姓。但是，也有些例外，有一匹白色的母马，工作的时候迟到早退，又喜欢戴上彩色的丝带，不久就离开农场到别的农场去了，它代表在革命之后，逃到别的国家的贵族和上流社会的有钱人。驴子班杰明在革命反抗成功之后，还是老样子，慢吞吞地工作，对什么事情都不表示意见，它代表心里雪亮，却懂得明哲保身的知识分子。

每个礼拜天，动物们不在农田草原里工作，它们要开会讨论下一周的工作计划，反正，所有的提案都是由猪提出的。在这里，拿破仑和雪球意见最多，但是不管在任何议题下，它们两个永远都持相反的意见。

雪球喜欢组织各式各样的委员会，但是，都是浪费时间，浪费力气，没有结果的委员会，它教动物们读书和写字的计划，倒是做得很成功。

拿破仑对委员会的成立，不感兴趣，它认为教育下一代才是最重要的任务。当一只母狗生下九条小狗时，拿破仑说它会负起教育这些小狗的责任，它把这九条小狗带走，安置在农场里秘密的地方，直接受拿破仑的管理和训练。

不久前失踪的五桶牛奶的下落被发现了！原来都被猪喝掉了；树上掉下来的苹果，原来大家以为要一起平分的，却都留给猪享用了。负责倡导工作那头脸圆声尖、眼睛闪闪有光的小肥猪说："猪要为大家的福利伤很多脑筋，它们要靠牛奶和苹果来维持体力，万一它们撑不下去，琼斯先生和他的助手就会回到农场，那显然不是大家所乐见的。"软硬兼施，这就是典型的宣传部长的嘴脸。

革命的传播

动物农庄反抗革命成功的事迹，已经逐渐传开来了，拿破仑和雪球更加派了许多鸽子飞到附近的农园把反抗革命的事情传播开来，还教农场里的动物们唱革命歌。

同时，琼斯先生跑到城里去跟别人诉苦，别的农夫听了以后，表面上是同情，但也难免有袖手旁观甚至幸灾乐祸的心态。不过，琼斯先生原来农场邻近的两个农场主人却有比较复杂的心态，他们既害怕他们农场里的动物会起革命，也散布传言说，琼斯先生原来农场里的动物不断内斗，也快要饿死了。最后，琼斯先生连同他们和他们的手下反攻动物农庄，不过，他们一下子就被动物们打退了。这反映了相邻的国家之间，寻求私利的矛盾心态。在这场战斗结束后,在农场里,雪球获得为它量身订做的"动物英雄一等勋章",有一只被琼斯先生开枪打死的羊,也获得"动物英雄二等勋章"。

冬天来了,土地冰封,根本不可能从事任何农事,动物们就猛开会,讨论明年春天的工作计划,这影射苏联的"五年计划"。在大家都已经接受猪是最聪明的动物的前提下,议案都是由猪提出,不过,还是要投票多数决,但是,问题出在雪球和拿破仑身上,不管什么议案,它们两个的意见都相左对立,争论不休。雪球口才好,有说服力,但是,拿破仑却很会在幕后游说拉拢,争取支持,特别是那些绵羊,只要雪球在讲话,它们就会反复地喊:"四条腿是好,两条腿是坏"这句口号来打断它。

争权夺利的打手

雪球提出很多建设的工程计划,也做了很详细的设计规划,拿破仑都不以为然,但是又提不出它自己的计划。当雪球提出一个非常重大的工程计划——建造一座发电的风车时,那真的让农场里的动物分成对立的两派了。在做最后决定的投票大会上,原先双方势均力敌,拿破仑站起来只冷冷地说:"建造风车是个毫无意义的计划,呼吁大家投反对票。"但是,雪球站起来做了一篇动人的演说,把情势完全拉到它这一边了,正在这个时候,拿破仑发出一声尖锐的暗号,九条凶悍的狗从外面冲进来，猛烈地追咬雪球，雪球为了逃命就被赶出农场，永远没有机会回来了。

这九条凶悍的狗从哪里来的呢？这原来就是不久前那只母狗生下来的九条小狗，拿破仑秘密地培育训练出来的打手。这影射了革命的伙伴在革命成功之后，争权夺位的斗争。

雪球被赶出农场后，首先，拿破仑宣布取消每个礼拜天早上的集会，因为那只是浪费时间，没有作用的集会，取而代之的是一个特别委员会，成员完全是猪，它们会举行秘密会议，再把决定的结果告诉所有的动物。

雪球被赶走后的三个礼拜，拿破仑宣布要推动建造风车的计划。它说这本来就是它要推动的计划，它之所以在雪球面前反对，其实只是一个策略而已，而且，在雪球被赶走后，这个由猪组成的特别委员会已经把许多计划里的细节厘清了。同时，那只圆脸尖声的小肥猪跟动物们解释："希望你们体会到拿破仑同志所作的牺牲，领导不是一件愉快的工作，领导是非常沉重的责任，没有人比拿破仑同志更深信所有动物都是平等的，它很愿意让你们自己做决定，但是，如果，你们决定追随雪球的政策的话，那是错误的决定。"真的是只会危言耸听、欺众愚民。

政客惯用的伎俩

冬去春回，动物们又开始在农场里工作了。它们工作得很努力也很辛苦,但是,它们心甘情愿,因为它们认为这是为自己而工作,不再被懒惰、腐败的"人类"剥削了。它们每个礼拜得工作六十个小时。到了八月,拿破仑宣布礼拜天下午也要工作半天,不过,那是自愿的,只是,不来参加工作的动物,它的口粮就会被减半。虽然,这一年收获的成果,比去年差了一些,不过,最艰巨的任务是风车的建造工程,搬石头、把石头打碎都是很辛苦的工作。结果,整个夏天已经完成了一半的风车,在十一月的一个晚上,被一阵大风吹倒,完全摧毁了。

拿破仑来到现场,小心观察一阵之后,突然戏剧性地宣布:"同志们,你们知道谁在半夜跑来破坏我们辛辛苦苦建造起来的风车吗?是雪球,那个叛逆分子。同志们,我现在宣布雪球被判死刑。任何动物,只要通风报信有助于逮捕雪球,将会获得动物英雄二等勋章和半篓苹果的奖赏。"把错误和失败推在反对党身上,这是政客惯用的伎俩。

拿破仑又宣布了一项新政策,为了取得必须的粮食和建材,动物农庄会和附近的农场做贸易交换、商业往来。动物们对这个政策有点怀疑,因为它们还隐约记得当年琼斯先生被赶走后,大家的决议是:以后不再和"人类"打交道了。圆脸尖声的小肥猪提醒大家,这个决定不但没有任何文字的纪录,好像从来没有讨论过,可能是大家记错了,也可能是雪球散布的谣言。"模糊不清楚"往往是反复无常的人最好的遁词。

权力的腐败

过了不久,猪领导们都搬到琼斯先生以前住的房子里,它们在厨房用餐,在卧房睡觉,有些动物指出在《动物七诫》里的第四诫说,动物不得在床上睡觉,小肥猪跟它们解释说,猪负起领导的责任,因此必须过比较舒适的生活才可以把领导工作做好。这影射革命成功之后,领导们奢侈浮华的生活。

在严寒的冬天里,粮食越来越缺乏了,拿破仑一方面要封锁消息,不让别的农场知道这种情形,一方面又必须和别的农场做贸易交换,所以下令母鸡必须把它们生下来的蛋全部上缴,有些母鸡为了表示反对抗议,特别跑到屋顶生蛋,让鸡蛋掉下来,跌得粉碎。拿破仑迅速采取严厉镇压手段,它下令这些母鸡不能分配到口粮,而且,任何动物偷偷把口粮分给母鸡吃,就会被判死刑,撑了五天之后,母鸡们屈服了,但是,有九只母鸡在这个抗争过程里死掉了。

消息传出来,雪球现在常常在晚上偷偷溜回农场从事偷窃破坏的工作。最后,拿破仑向大家宣布:"雪球从一开始,就是琼斯先生的卧底,现在它向附近的两个农场的'人类'主人卖身投靠,准备做他们的向导来进攻动物农庄。"虽然,有些动物说在对抗琼斯先生反攻的战役中,雪球非常勇敢,而且它获得动物英雄一等勋章,小肥猪说:"雪球只不过预先和琼斯先生做假、套好招而已。"在战役中,真正的英雄是拿破仑。

有一天下午,拿破仑把所有的动物召集起来,带着它凶猛的九条狗,把四头猪、三只鸡拖出来,它们在所有动物面前承认了自己的罪行,然后都被那九条狗咬死了,但是,也有些动物记起在《动物七诫》里的第六诫,不就是说动物不得伤害任何其他动物吗?

在农场里,动物们工作得更辛苦了,同时,它们还得重建那座风车,生活条件并没有比琼斯先生当农场主人的时代有所改善,虽然,小肥猪在礼拜天的早晨都会向大家提出许多统计数字,说粮食的增产都在百分之两百、百分之三百以上,渐渐大家习惯把所有的成就都归功于拿破仑的领导。母鸡说:"在拿破仑同志的领导下,我六天之内生了五颗蛋。"母牛说:"感谢拿破仑同志的领导,池塘里的水喝起来也分外甘甜。"风车的建造也终于完成了。

动物农庄和附近两个"人类"所管理的农场的关系也变得非常复杂,动物农庄和其中一个农场做交易买卖,却被他们用假钞票骗了一批木材。这影射通过对外贸易贪污洗钱的行为。在关系恶化的情形下,这两个农场的"人类"一行十五个人,携带六把枪,来进攻动物农庄,用炸药把辛辛苦苦建造起来的风车炸毁了,不过,动物们忘记生命危险,还是把侵略的"人类"赶走了。在庆祝击退侵略者的胜利和纪念战争中伤亡的动物的典礼上,在战争中不见踪影的小肥猪出现了,"炸掉了一座风车有什么关系,我们再建一座,甚至再建六座也无所谓。"领导的猪发现了一坛威士忌,为了庆祝战争胜利它们开怀畅饮，当有些动物提起《动物七诫》里的第五诫：动物不得喝酒时，它们被提醒它们记错了！第五诫只是说动物不得喝酒过量而已。

革命的真相

按照动物农庄的法令规定，马和猪的退休年龄是十二岁、牛是十四岁、狗是九岁等等。一匹马退休之后，每天的口粮是五磅玉米，公共假日那天还可以加一株胡萝卜、一粒苹果。在农场里最努力辛苦工作、在战争里最勇敢奋身的公马拳师渐渐衰老，加上疾病缠身。明年夏天就是公马拳师的退休年龄了，但是，还没有等到退休的日期，拳师就病倒了，一直没有复原。有一天，来了一台货车把拳师载走，三天后，小肥猪宣布拳师在医院逝世了。有一只动物隐约记起，把拳师载走的那台货车是从屠宰场来的车，小肥猪说："是，那是医院的救护车，不过，医院把屠宰场的车拿来当救护车，还来不及把车身的标志改过来而已。"在接下礼拜天的群众大会上，拿破仑赞扬拳师的奉献，它又重复拳师生前常讲的两句话："我会更加努力工作"和"拿破仑同志永远是正确的"，不过，它说："拳师的骨灰不可能运回来农场安葬，就用一个花圈来表示对它的怀念吧！"

很久没有在农场的乌鸦摩西又回来了！它还是跟以前一样跟动物们说，动物死了之后都会去的天堂，在那里不必工作，天天有糖吃。很多动物开始相信它的话，因为目前的生活实在太辛苦了，为什么不可能有一个比较好的生活环境呢？乌鸦摩西代表宗教、信仰的活动，经过一段时期后，极权国家也总得有一些开放，让一些宗教活动可以进行了。

很多年过去了，农场上的动物，老的老，死的死，琼斯先生也死了，这许多都被别的动物遗忘了，更有许多后来出生的动物，它们根本不知道把琼斯先生赶走的那场革命是怎么一回事。拿破仑变成一只更加肥壮的猪，小肥猪更是胖得连眼睛都张不开来，只有驴子班杰明还是老样子。

一个夏天的晚上，一件奇怪的事情发生了！当动物们结束了一天的工作时，它们看见小肥猪站起来用两只后脚走路，跟在它后面的一列猪也都站起来用两只后脚走路，最后的是拿破仑，它也用两只脚走路，还用前脚拿着一条鞭子。动物们正惊讶不已时，绵羊们齐声说："四只脚好，两只脚更好。"动物们似乎记得以前"四只脚好，两只脚坏"的说法，它们回到原来写着《动物七诫》的那道墙那里，发现什么都没有了，只有一句话："所有动物一律平等，不过，有些动物比别的动物平等。"

从此以后，猪开始穿衣服了，手上还总会拿着一条鞭子，它们和附近农场的"人类"的往来也越来越多了。故事讲完了，相信你听得懂，也希望你听得有趣。

《老人与海》

畅销作家海明威

美国大文豪海明威（Ernest Hemingway）是二十世纪非常杰出的作家，他的名作包括：《旭日东升》（The Sun also Rises，一九二六）、《战地春梦》（A Farewell to Arms，一九二九）、《雪山盟》（The Snows of Kilimanjaro，一九三二）、《战地钟声》（For Whom the Bell Tolls，一九四〇）。

《老人与海》（The Old Man and the Sea）是海明威在一九五二年写的中篇小说，全文只有两万六千五百三十一个字。当这篇小说在《生活杂志》（Life Magazine）登出来的时候，初次印刷在八小时内销售一空，也创下了《生活杂志》周刊销售五百五十万册的纪录。海明威也在一九五四年以《老人与海》为代表作得到诺贝尔文学奖。

很不幸地，当时他的健康已经走下坡，获得诺贝尔文学奖的时候，也以健康为理由没有亲自去领奖，他在一九六四年用猎枪自杀去世。

最了不起的渔夫

《老人与海》描写一个老渔夫在墨西哥的湾流中，每天独自开一条小船出海捕鱼谋生。他已经一连八十四天，没有捕到一条鱼了。本来有个陪他出海捕鱼的伙伴，那是一个小男孩，老渔夫教他怎样捕鱼，跟他谈棒球，小男孩也照顾他，给他送热咖啡和隔日的旧报纸。但是在一连四十天他们都没有捕到一条鱼之后，小男孩的爸妈说老渔夫是个有霉运的人，就让小男孩到别的渔船上帮忙。这条新的渔船果然在第一个礼拜就捕了三条鱼。这个小男孩每天还是在岸边，迎接老渔夫驾着空船，空手而回。老渔夫和小男孩之间有一份真挚的关注、无言的祝福，当他们谈到棒球大联盟里了不起的棒球好手时，小男孩总会话锋一转说："但是您是最了不起的渔夫。"

第八十五天的一大早，老渔夫再出海捕鱼，在海上他放下四个深度不同的鱼饵，从二百多英尺到七百多英尺，他看到湾岛，看到飞鱼，看到漂流的海草，到了中午的时候，他的钓线拉紧，感觉有一条大鱼在水底绕了几个圈子之后，把他放在六百英尺的鱼饵吞下去了，他知道不能用蛮力把鱼拉起来，还担心鱼会往深水里钻，可是这条大鱼只是一直拖着老渔夫的小船往外湾走。当然老渔夫也顺势跟着去，等到太阳下山，已经四个钟头了，老渔夫还在等待这条大鱼跳出水面，那才是他和大鱼搏斗的时候，好让他把鱼拉近，用鱼叉把它刺死，但是这条大鱼还是只拖着渔夫的小船走。

一直走到第二天早上，老渔夫也只能耐心地让大鱼拖着他走，他跟大鱼说："鱼，我会跟着你，直到我死为止。""鱼，我爱你，我尊敬你，但是天黑以前，我会把你杀死。"他同情这一条已经上了钩、强硬反应和行动有点怪异的大鱼，他也不断地想起他的小男孩朋友,他反复地说:"我真希望那孩子在这里,跟我在一起,那孩子会在这里帮我的忙,也看到这一场搏斗。"当他的手抽筋时,他说:"我真希望那小孩在这里帮我按摩。"他说:"我曾经跟那孩子说过,我是一个奇怪、不寻常的老头子,现在我要证明给他看。"他跟停在他船上的小海鸟说:"你多大了?这是你的第一次长程飞行吗?""在这里好好休息一下,我在忙,没有办法照顾你。休息之后再起飞,再像鸟、像鱼、像人一样去寻找新的天地。"他对他自己抽筋流血的左手说:"你觉得怎么样了?""耐心一点,我会为你吃点小鱼小虾来充饥。""哎呀,这样不争气的一只手,但还是有点小用的一只手。"他跟他自己说:"老头,你必须相信你自己,不要害怕。""我不能让自己失败,死在这条鱼的手里。""我必须靠上帝的力量撑下去。"

老渔夫被大鱼拖着走,又累又饿,到了第三天早上,大鱼浮到水面了,在小船周围绕圈子,老渔夫把钓索慢慢收回来,人累了,鱼也累了,经过一个早上的搏斗之后,老渔夫高举鱼叉,插进鱼的侧身,大鱼从水面高高地跳起,然后轰隆一声,坠落水中。那是一条很大的马林鱼,比他的小船还要长两英尺,大概一千五百磅,老渔夫马上算出一千五百磅的鱼去了鳞骨后,剩下一千磅,每磅卖三毛钱,那是一个可观的数目。

老渔夫把大鱼绑在小船旁,顺着风回航,他再三转头去看他绑在船边的那条大鱼,他知道他要保持头脑清醒,他知道他不是在作梦。但是没多久,鲨鱼出现了,第一条鲨鱼一大口咬掉一大块马林鱼肉,老渔夫奋力用鱼叉把这条鲨鱼刺死,但是也失掉了他的鱼叉。接着一波波的鲨鱼袭击老渔夫的马林鱼,他用小刀、用桨、用舵桩和这些鲨鱼搏斗,小刀断了,桨也断了,舵桩也裂了,到了半途他知道已经没有必要和最后一波的鲨鱼搏斗,因为那条马林鱼,只剩下一个头和一副骨架了。

深夜里,他回到他的港湾,回到自己的小屋,沉睡到清晨,他的小男孩朋友来把他叫醒,他跟那小孩子说:"我被打败了!"那孩子说:"那条鱼没有把你打败!"老渔夫说:"但是到了最后,还是败下来了。"小男孩说:"我还是回来跟你一起捕鱼吧!"老渔夫说:"但是我运气不好。"小男孩说:"去他的,我会把好运气带给您。"故事讲到这里,就结束了。

故事背后的意义

《老人与海》这篇小说,描写一个没有助手、只有简陋工具的老渔夫,在八十四天没有捕到一条鱼的困境下,花了三天的时间和一条大鱼搏斗,这条大鱼可以卖得不少钱,可以让小男孩的爸妈不再说他只是个霉运的人,可以让小男孩以他为傲,可以让老渔夫觉得他还是有充分的体力、坚强的意志及足够的经验,继续捕鱼过生活。相信大多数的人都没有乘过小船,独自驶向大海和大鱼搏斗过。但是我相信每一个人,都曾经在工作和生活的大海里,跟比你还强还壮的大鱼搏斗过,当你又饿又累，双手抽筋流血的时候，你曾经咬紧牙关支撑下去。老渔夫一直没有想过他会斗不过大鱼，你也一直没想过会斗不过你面对的挑战。但是老渔夫赢了和大鱼的搏斗，却输给了鲨鱼群，他把赢来的十八英尺、一千五百磅的大鱼全输光了。我相信许多人也曾经历不吃不睡得到的研究结果，最后发现是没有用的，上市的商品被别人低价倾销打败了，辛苦经营的公司被并购了，多年的积蓄被好朋友骗走了。

在这个故事结束的时候，老渔夫说："到了最后，还是败下来了。"但是，老渔夫说过："一个人可以被毁灭，不可以被打败。"（A man can be destroyed but not defeated.）可以被毁灭的是一条大鱼、一个产品、一家公司、一笔财产，但是不可以被打败的是我们奋斗、努力的精神和意志。

也许另外一个说法是，我们可以接受失望，但是我们不能够接受失败。失望是得不到预期的结果，不管是我们的预期太高，还是现实无情，失望是难免的，我们要学着用平静的心情接受失望，但是要把失望转成希望，不能把失望变成失败，失去奋斗进取的意志和精神。

在整个故事里，老渔夫没有说过一句怨言、一句骂人的话。他和那个小男孩的对话充满了友情和爱意，他会轻柔地跟停在舷上的小鸟问候两句，甚至和搏斗的大鱼，他也会说："鱼，你来吧！"

小男孩的爸妈说老渔夫的运气不好，不让小男孩再跟他出海，老渔夫没有生气，他抱着谦卑的心态，接受命运，他说："也许我的运气不好，那我就去为自己买一个好运吧，你用什么来买呢？用八十四天的尝试，我差点就买到这一份平静的心态，这的确是在经历风霜之后，锻炼出来的。"我曾经想过，为什么海明威把这篇小说叫《老人与海》？虽然这明明是一个老渔夫和一条大马林鱼搏斗的故事，是一个老渔夫和一群鲨鱼搏斗的故事，但是海明威没有选《老渔夫与马林鱼》（The Old Fisherman and the Marlin）或者《老渔夫与鲨鱼》（The Old Fisherman and the Sharks）作为篇名，我个人的解释是，这一切都发生在茫茫大海之上，大海主宰了老人、马林鱼、鲨鱼群的命运，渺小的老人要面对的是命运，和命运挣扎，接受命运，在大海里，马林鱼、鲨鱼都是配角，我们何尝不可以用这种观点来看事业、看人生，一个意外、一个打击、一个失望都是配角而已，我们要勇敢面对的是茫茫大海。

密西西比河流啊流

最后，为大家介绍一首英文老歌，大家都知道美国境内最长的一条河叫做密西西比河（Mississippi River），密西西比河的另一个名字是老人河（Old Man River），这个名字有源远流长的意思，也是指这条河默默地流过广大的幅员，默默地看过很多事情的发生。有一首歌叫做"Old Man River"，描述多年前美国南部黑人奴隶的艰苦，开头是这样唱的：

There's an old man called the Mississippi,

That's the old man I don't like to be,

What does he care if the world got troubles?

What does he care if the land ain't free?

这里的"old man"就是"Old Man River",这几句就有点跟上面讲到的大海一样,虽然这个世界还有各种痛苦和困难,虽然这个世界还没有完全的自由,但是 Old Man River 不会放在心上。这首歌用字和唱歌时的发音都是用美国南方的口语,文法和发音都不是传统的纯正英语。接下来几句是:

Old Man River, that Old Man River.

He don't say nothing, but must know something.

He keeps on rolling, he just keeps rolling along.

Old Man River 虽然什么都不讲,但是它一定知道一些事情,它不停地流,只是不停地往前流。最后几句,描写在河上工作的黑人奴隶的心境:

But I keep laughing instead of crying.

I must keep fighting until I'm dying.

But Old Man River just keeps rolling along.

我用笑声代替哭声,我会继续奋斗至死为止,但是 Old Man River 只是不停地往前流。

星期四
梦见庄子

蝶　梦

战国时代的哲学家庄周在他的《齐物论》里有一段说：庄周梦见自己变成一只蝴蝶，一只翩翩起舞的蝴蝶，悠然自得，不知道自己是庄周。等他梦醒过来，却是僵卧地躺在床上的庄周。不知到底是庄周做梦变成蝴蝶呢？还是蝴蝶做梦变成庄周呢？这段小故事可以说有不同面向的解释，一个面向是：梦和现实往往是分不清楚的，推而广之，不同的人在不同的时空环境下，对现实的印象和记忆往往是不相同的，更进一步来说，什么是事实和真相？的确有一个清晰的定义吗？另外一个面向是：到底是庄周梦见蝴蝶呢？还是蝴蝶梦见庄周？蝴蝶和庄周是对等的，这可以说是庄周"齐万物一死生"——万物都是一样的，死和生也是一样的——这个论点的一个阐述。

不过，在我顺着庄子的论点讲下去时，让我先打一个岔，张潮《幽梦影》里，却有一句唱反调的话，他说：庄周梦见变为蝴蝶是庄周的幸福，蝴蝶梦见变为庄周，那就是蝴蝶的不幸了！换句话说，张潮认为庄周和蝴蝶不是对等的。红尘纷扰，你争我夺，到处都是混乱；繁文缛节，名缰利锁，到处都是束缚；人心不古，尔虞我诈，到处都是陷阱，庄周过的是痛苦的生活。反过来，蝴蝶在百花中起舞，自由自在，无牵无挂，蝴蝶过的是快乐的生活。让蝴蝶和庄周交换身份，可不是一个公平的交易，到底这是俏皮话呢？还是悲世愤俗的话呢？就不必追问了。

李商隐的诗

庄周梦蝴蝶的故事在中国诗词里最为脍炙人口的是李商隐的《锦瑟》这首诗里"庄生晓梦迷蝴蝶"这一句。

锦瑟无端五十弦，一弦一柱思华年。
庄生晓梦迷蝴蝶，望帝春心托杜鹃。
沧海月明珠有泪，蓝田日暖玉生烟。
此情可待成追忆，只是当时已惘然。

许多人把这首诗列为李商隐的七言律诗中最精彩的一首。有人说这是他怀念逝世妻子的作品，也有人说这是他觉得年华老去伤感的作品，诗里描写的是一份迷惘、伤感的心情。

读李商隐的诗的人都会欣赏他诗中的意境和文字之美，但是，正如梁启超先生说："读他的诗，他讲的什么事，我理会不着。拆开一句一句叫我解释，我连文义也解释不出来。但是，我觉得它美，读起来令我精神上得到一种新鲜的愉快。"不过，还是让我试着解释一下。

这首诗开头的两句是"锦瑟无端五十弦，一弦一柱思华年。"锦瑟是一种乐器，为什么锦瑟有五十条弦呢？弹琴的人不知道，制造的人不知道，可能连锦瑟自己也不知道，但是，每一条弦、每一根弦柱,都让我想起已经逝去的青春岁月。这首诗是李商隐晚年时的作品,那时,他想到自己已经快五十岁,可惜,他四十七岁时就去世了。

"庄生晓梦迷蝴蝶"这一句用的就是庄周梦见蝴蝶的典故,描写一份迷惘的心情,晓梦暗示梦境的短暂。

"望帝春心托杜鹃"这一句的典故是:古时候蜀国皇帝杜宇,他的帝号是望帝,望帝是一位好皇帝,他有一段伤心的爱情故事,他死后化为杜鹃鸟,每年春天杜鹃鸟飞来提醒老百姓,"快快布谷,快快布谷",直到口中流血而死。"望帝春心托杜鹃"是说望帝把悲哀怀念的心情,寄托在杜鹃鸟啼声中表达出来。

"沧海月明珠有泪,蓝田日暖玉生烟",用珍珠的晶莹、美玉的光润、泪的哀伤和烟的缥缈来描述一份追忆的感情。

这首诗最后的两句"此情可待成追忆,只是当时已惘然",这份感情也许可以、但是何必等待,它已成为一份回忆,只是在当时已经是一片惆怅迷惘了。

明朝王世贞说这首诗的第三、四、五、六句是魔句,看不懂觉得没有意思,完全看得懂就没有味道了,这也正是梁启超先生的意思:美得说不出来。那么这一来,我前面讲的也算是多余的了。

蕉鹿梦

讲过庄周蝴蝶的故事,让我讲另外一个梦和现实分不清楚的故事《蕉鹿梦》,这是来自《列子·周穆王》篇的一个故事。列子名列御寇,河南郑州人,他的著作是道家重要的典籍。

有个樵夫在山上砍柴,看到一只鹿,他把鹿打死了,为了怕别人看见,他把鹿藏在沟渠里,用蕉叶盖上,高兴得不得了。可是,过了一下子,他的记忆模糊了,忘了藏鹿的地方,以为自己在做梦,路上边走边跟别人讲这件他以为发生在梦里的事。有一个路人听了之后,依照他的话果然在沟渠蕉叶下找到鹿。这个路人回到家中告诉他的妻子说,刚才有一个砍柴的人,梦见打死了一只鹿,却不知道把鹿藏在什么地方,我按照他的话,果然找到鹿了,他的梦是真的吗?他的妻子说:"是不是你做梦?梦见那个砍柴的人而已?难道真有这个砍柴的人吗?既然的确有这只鹿,那么你的梦是真的吗?"路人说:"反正我得到这只鹿,那就不必管是他在做梦,还是我在做梦了!"

樵夫回到家中,不甘心失掉那只鹿,夜里真的又梦见他藏鹿的地方,还梦见把鹿拿走的那个路人。隔天,他按照梦的线索,找到那个路人,两个人为那只鹿起争执,一起告到法官那里。法官跟樵夫说:"你当初真的得了鹿,你却说是做梦,你后来做梦梦见藏鹿的地方,你又说是真的得了鹿。他真的拿了你的鹿,现在又和你争这只鹿,但是,他的妻子又说他是做梦找到别人的鹿。看来谁也没有真正得到这只鹿,既然现在鹿就在你们面前,你们就把鹿平分了吧!"

这桩案子呈到皇帝那里,皇帝说:"哈哈,法官大概也在做梦,让他们平分这只鹿吧!"皇帝又去问宰相,宰相说:"他们有没有做梦,我也没有办法分辨清楚,要分辨清楚只有去找黄帝和孔子,现在黄帝和孔子都找不到,谁会分得清楚呢?姑且按照法官的判决好了。"

这个故事叫做"蕉鹿梦",就是蕉叶、鹿和梦的意思,但是也有人把它念成"樵鹿梦",因为,蕉叶的"蕉"字和樵夫的"樵"字相通,也包含了砍柴的樵夫的意思。现在,"蕉鹿梦"这个典故就用来指糊里糊涂、没有把事实真相弄清楚的意思,也引申为自己欺骗自己的意思。

子非鱼

接下来,让我讲《庄子·秋水》篇里记载庄子和惠子的一段对话,也可以说是延续到底是庄周梦见蝴蝶,还是蝴蝶梦见庄周这个思路而来。

庄子和惠子在河边散步看鱼,看了半天,庄子说:"鱼游甚乐。"(鱼在水里游,非常快乐。)惠子问:"子非鱼,安知鱼之乐?"(你又不是鱼,你怎么知道鱼的快乐?)庄子反问"子非我,安知我不知鱼之乐?"(你又不是我,你怎么知道我不知道鱼的快乐呢?)惠子说:"我非子,固不知子矣,子固非鱼也，子之不知鱼之乐，全矣。"（既然你说我不是你，我就不会知道和了解你，那么，你不是鱼，你就不知道鱼的快乐了。）

辩论到这里，应该算是惠子赢了。因为庄子掉在一个陷阱里，当惠子说："你不是鱼，你怎么知道鱼的快乐呢？"庄子顺着他的话说："你不是我，怎么知道我不知道鱼的快乐呢？"那就等于接受了惠子上一句提出的前提："你不是鱼，就不知道鱼的快乐"了。但是，讲到这里，庄子却不服输，他玩了一个文字游戏。庄子说："你不是说：'你又不是鱼，你怎么知道鱼的快乐呢？'当你说：'你怎么知道'时，你不是承认了我先知道'鱼的快乐'，只是问我：'怎么知道而已？'的确，我早就知道鱼的快乐了。"

宋代词人辛弃疾有一首《满江红》：

笑拍洪崖，问千丈、翠岩谁削？依旧是、西风白马，北村南郭。似整复斜僧屋乱，欲吞还吐林烟薄。觉人间、万事到秋来，都摇落。

呼斗酒，同君酌。更小隐，寻幽约。且丁宁休负，北山猿鹤。有鹿从渠求鹿梦，非鱼定未知鱼乐。正仰看、飞鸟却应人，回头错。

这首词描写他在山中喝酒，观赏风景，特别讲到山里的鸟兽动物。这首词下半阕的"呼斗酒，同君酌"，叫一斗酒来跟您一起喝;"更小隐,寻幽约",走到无人的地方,寻找清幽安静;"且丁宁休负,北山猿鹤",而且叮咛嘱咐不要忘记,在北山那边的猿猴、白鹤;"有鹿从渠求鹿梦,非鱼定未知鱼乐",在山间跳跃的鹿,让我想起蕉鹿梦的故事,溪中游泳的鱼,让我想起庄子观鱼的故事;"正仰看飞鸟,却应人,回头错",正抬头看天空中的飞鸟,后面有人打招呼,响应他之后,回头一看,原来是响应错人了。

生与死

鼓盆而歌

按照《庄子·外篇》第十八篇《至乐》的记载,庄子的妻子死了,惠子前往吊唁,看见庄子张着腿坐在地上敲打瓦盆唱歌,惠子说:"你的妻子陪你一辈子,为你养儿育女,现在她过世了,你没有哭也就算了,竟然还敲打瓦盆唱歌,不是'太超过'了吗?"庄子说:"不能这样说,当内人刚过世时,我何尝不悲伤呢?但是,后来想一下,开始的时候人是没有生命的,不但没有生命,连形体都没有,不但没有形体,连气息都没有。后来,在若有若无、恍恍惚惚的变化当中,有了气息,气息变化才有形体,形体变化才有生命。现在她又再变化死亡了,这就跟春夏秋冬四季运行一样自然,她已经安息在大自然里,如果我还因为这样悲伤痛哭,那不是太不通达命理了吗?所以,我才不哭了。"

这就是庄子对生和死的看法。在《庄子·外篇》第二十二篇《知北游》里,他也说:"生是死的同类,死是生的开始,谁能知道它们之间的关系呢?人的诞生是气的聚合,气的聚合就是生,气的离散就是死亡。"

至于庄子在敲着瓦盆时,唱的是什么歌呢?按照张贵胜的《遣愁集》的记载是这样的:

堪笑人生事,有如花开谢,妻死我必埋,我死妻必嫁。

我若先死时，一场大笑话，田被他人耕，马被他人跨，
妻被他人恋，子被他人打，如此恸伤心，相看泪不下。
世人笑我不悲伤，我笑世人空断肠；
世事若还哭得转，我亦千愁泪万行。

《警世通言》里的庄周

明朝冯梦龙的《警世通言》里有这么一段民间传说：庄周有三位妻子，第一位年轻时夭折，第二位被休了，第三位田氏，长得肌肤若冰雪、绰约似神仙。有一天，庄周在荒郊散步，看见许多坟墓，叹口气说："志少俱无辨，贤愚同所归。"意思是年老、年少、聪明、愚拙最后都是来到同样的归宿。他忽然看见一座新坟，坟上堆的黄土未干，坟旁有一位少妇穿着白色的丧服，拿着一把扇子，拼命在坟上扇，庄周走过去问："娘子，这坟里葬的是什么人？你为什么拿着扇子，拼命扇坟上的黄土呢？"少妇一边不断地扇，一边说："听时笑破千人口，说出加添一段羞。"她说："坟里埋的是我亡夫，他生前我们非常恩爱，他临终遗言，他死后，要等到坟上黄土干了，我才可以改嫁，我想新堆的黄土不容易干，所以就拼命用扇子扇，让坟上黄土快点干。"庄周含笑说："娘子手腕秀软、举扇无力，让我替娘子出一臂之力吧！"庄周使用仙法，扇了几下，土就干了。妇人为了表示感谢之意，把扇子送给庄周，当然那把扇子对她也没用了。

庄周回到家中,叹了一口气,念出四句诗:"不是冤家不聚头,冤家相聚几时休。早知死后无情义,索把生前恩爱勾。"庄周的妻子田氏听到,问他为什么感叹呢?这把扇子哪里来的?庄周把整个事情跟田氏说,田氏很生气地骂这种薄情的妇人,世间少有。庄周又念了四句诗:"生前个个说恩深,死后人人欲扇坟。画龙画虎难画骨,知人知面不知心。"田氏听了更加生气:"你不要一竿子打死一船人,忠臣不事二主,烈女不嫁二夫,假如你死了,不要说三年五载,我一辈子也不会再嫁人。"庄周说:"这倒难说啊!"田氏说:"我哪像你那么无情无义,死了一个又娶一个,休了一个又再娶一个,我们妇道人家,一鞍一马,你又没有死,还要冤枉别人。"把扇子拿过来,撕成粉碎。

过了几天,庄周忽然得病,而且一天比一天严重,庄周说:"我恐怕无望了,可惜前几天你把那把扇子撕掉了,否则还可以用来扇我的坟。"田氏说:"你放心!我会从一而终,你不相信的话,我愿意死在你之前。"庄周说:"那我就死得瞑目了。"就气绝身亡。田氏抚尸痛哭,悲伤不已。

庄子死后第七天,来了一位英俊美少年,面如敷粉,唇若涂朱,带着一个老仆人,说是楚国来的王孙,和庄周相约见面,现缘悭一面,希望留下来为庄周守丧一百日,也趁这个机会借读庄周的著作。这位楚国来的王孙住下来,过了二十几天和田氏产生了感情,两个人决定成婚。

不料新婚之夜，这位王孙突然眉头双皱，寸步难移，倒在地下，只叫心疼难忍，口吐涎沫，奄奄欲绝。田氏问服侍楚国王孙的老仆人，老仆人说："这种症状，每隔一两年发生一次，只有一种药可以医治，就是用生人脑髓，用酒煮熟吞服。上一次在楚国就是用被判死刑的囚犯的脑髓把病治好的，可是，现在我们远在山野之外，哪里可以找到生人的脑髓呢？"田氏问："生人的脑髓找不到，用死人的脑髓可以取代吗？"老仆人说："大夫说，人死四十九日之内，脑髓还没有干枯，可以取代。"田氏说："我丈夫死了才二十来天，让我去把棺材劈开，把他的脑髓取出来用。"

田氏右手提灯，左手握砍柴的板斧，去到庄周停棺的地方，把灯放下来，看准棺材，双手举斧，用力劈下去。庄周的棺材薄薄的，一斧就被劈开了。庄周在棺材里坐起来，叹一口气，说："娘子，赶快把我扶起来。"田氏把庄周扶起来，回到铺设灿烂的房间里，楚国王孙和老仆人都不见了。庄周开怀畅饮，念了四句诗："夫妻百夜有何恩，见了新人忘旧人。甫得盖棺遭斧劈，如何等待扇干坟。"后来田氏变得精神恍惚，悬梁自尽。这就是庄周鼓盆而歌的故事。

当然这种民间故事都是虚构不可以当真，不过，这虚构的故事也反映了封建社会对妇女三从四德、不合乎人情的偏见，也描绘了庄周伪善、猜疑和嫉妒的性格。

大劈棺

中国的戏剧里,许多流传广远的剧本都是以庄周故事为架构编成的,京戏的《大劈棺》、昆剧的《蝴蝶梦》、越剧的《蝴蝶梦》、粤剧的《庄子试妻》、黄梅调的《劈棺惊梦》都是例子。

让我在《大劈棺》剧本里找几段出来讲给大家听。当庄周帮那位在坟旁的妇人把坟上黄土扇干后,妇人就把扇子送给庄周,庄周把扇子拿回家给他的妻子田氏,田氏看到扇子上面写着:

道人行路在路旁,你扇坟来好心酸。但等庄子死故后,你妻比我大不贤。

庄周回到家里,把帮助那位寡妇扇坟的故事告诉他的妻子田氏,田氏对这位寡妇的行为大不以为然,她跟庄周说:

听为妻把此话细对你言,倘若是先生亡故了,我总要守节立志贤,若有三心并两意,准被天打五雷轰。

庄周喝了一杯茶,就要装死:

我将茶羹淌在手,喝一口来好悲伤,一霎时酸痛难以挣扎,阎王注定三更死,何人留我到五更。

后来,楚国王孙来吊唁,田氏念了四句诗给他听:

风流人人美,青春爱少年,能解诗中意,永结百岁缘。

楚国王孙说：我听懂了，不过，我有三个条件：第一，马上把庄周的牌位打倒；第二，脱掉素服，换上红衣服；第三，拜了天地，就入洞房。田氏同意了，他们两个同拜天地：

一拜花堂为媒证，二拜黄河就澄清。

正在拜堂时，楚国王孙心病发作，需要活人的脑髓来救治，楚王孙大叫："疼死我了！"田氏说："我若是不救，死了一个，再死一个不成，还是将棺木劈开搭救公子性命罢了。"田氏劈开棺木，庄周坐起来，说：

骂声田氏大不该，大不该，不该板斧来劈棺，来劈棺，不是贫道躲得快，险些砍了天灵盖。

庄周和他的妻子田氏的故事，昆剧叫做《蝴蝶梦》。《蝴蝶梦》有许多版本，明朝谢国、清朝严铸都有不同的版本，几年前有古兆申编的新版，让我讲几段。当庄周问寡妇为什么用扇子去扇坟时，她说：

妾有衷肠事，何劳问不休？那坟中所葬是何人？他生前是妾多情偶。扇扇是何用意？只因不负神前咒，特地扇干土一坯，蒙君怜奴为援手，感君恩德永无休。

当田氏向楚国王孙表达她的心意时，田氏说：

不如意事常八九，可与人言无二三，奴家自见王孙之后，终日不茶不饭，没情没绪。

当楚国王孙还有猜疑时,田氏唱:

并、并、并,并没有姑与翁,怕、怕、怕,怕什么人拦纵。便、便、便,便有那黄金百两成何用?恁、恁、恁,恁便牵羊担酒不为丰。笑、笑、笑,笑王孙恁懵懂,他、他、他,他多心错认五更钟。

最后,庄子从破棺里跳出来,唱:

蝴蝶梦中事,似假亦是真,夫妻之情男女之欢,也不过是一枕黄粱,庄周梦已醒,孽缘已了情,此梦是真也是假,是假也是真。

在黄梅调的《劈棺惊梦》里,当田氏遇到楚国王孙时,田氏唱:

夜漫漫,日长长,形孤影单好凄凉,愁似落叶扫不尽,落叶一片泪一行,我是落叶叶是我,眼望脚下路茫茫。

接着她又唱:

那日里,草茂花鲜妍,可意人玉树临风在眼前,激动池中水,拨响心底弦,今日里,草萎花也残,那人儿鬼使神差到眼前,池中是枯水,心底是断弦。

最后结束时,庄周唱:

自以为超凡脱俗入仙境,自以为胸襟磊落无纤尘。谁知夫妻纠葛起,剪不断,理不清,万般爱,千重恨,又甜又苦,又酸又辣,难丢难舍种种情,把自己的道德文章,抛到了九霄云。

伏尔泰的查第格

讲完庄周的故事,其实,在西方文学和传说里,也有好几个相似的故事。十八世纪法国文学家伏尔泰(Voltaire)的一本小说《查第格》(Zadig),描述古巴比伦时代哲学家查第格的故事。有一天,查第格的妻子散步回家,很生气地告诉查第格,她去慰问一位丈夫刚刚过世的寡妇,这位寡妇曾经发誓,只要他丈夫坟前的溪水继续流,她就会一直守在丈夫的坟前。可是,在她丈夫过世两天后,她就动手掘地,要让坟前的溪水改道。查第格听了,他假装突然病发身亡,他的妻子呼天喊地很悲伤。当天,一位查第格的年轻好友来慰问,几天下来,彼此间渐渐产生了感情。有天晚上,这位年轻的情人,突然胸疼不止,并说唯一治疗的方法是找一个死人的鼻子贴在胸口。查第格的妻子拿着一把刀到查第格的坟墓,要把查第格的鼻子割下来,这时查第格从坟墓里跳出来,按着鼻子说:"不要骂掘地让溪水改道的那个寡妇啦!你们两个可不是半斤八两吗?"

另外一个故事,两千多年以前,罗马小说家佩卓尼亚士(Petronius),在他的小说 *The Satyricon* 里讲了《以弗斯的寡妇》(*Widow of Ephesus*)的故事。有一位丈夫刚过世的寡妇留守在他丈夫的坟墓里,陪伴丈夫的尸体,一连五天不食不饮,坟墓附近的一位士兵发现了这个情形，带了酒和食物来安慰她，并在坟墓里陪她过夜。但是，这位士兵的责任是看守钉在十字架上犯人的尸体，当晚其中一个尸体被偷走了，他知道免不了要受到严厉的处分，正要举剑自杀时，寡妇说："我何必看到我爱的两个人的尸体呢？"于是她就吩咐那位士兵，把她丈夫的尸体从坟墓里抬出来，钉挂在十字架上，冒充那个被钉在十字架上犯人的尸体。

还有一个德国故事，一位寡妇做了一个和丈夫真人一样的木刻雕像来纪念他。可是，当她遇到一位新的情人时，她就把丈夫的雕像砍碎，用来烤鱼给她的情人吃。昆曲《蝴蝶梦》最后有一句：

王侯也是空，贫穷也是空，转眼成何用，庄周惊醒了蝴蝶梦。

生死同状

战国时代的哲学家庄周在他的著作《庄子·外篇》第十二篇《天地》里说"万物一府，死生同状"，意思就是万物是一个整体，死和生并没有差别。在《庄子·内篇》第二篇《齐物论》里，他讲到他梦见自己变成一只蝴蝶，翩翩飞舞，悠然自得，不知道自己是庄周，等他梦醒过来，却是僵卧在床上的庄周，到底是庄周做梦变蝴蝶呢？还是蝴蝶做梦变成庄周呢？这就是万物是一个整体的例子。

按照《庄子·外篇》第十八篇《至乐》里的记载，庄子的妻子去世了，庄子不但没有悲伤，还张着腿坐在地上敲瓦盆唱歌，这就是庄子认为死和生并没有分别的例子。

《庄子·外篇》第二十二篇《知北游》里，他说："生是死的同类，死是生的开始。"在《齐物论》里，庄子又说过："莫寿于殇子，而彭祖为夭。"未成年而死的人叫做殇子，彭祖是中国历史上从尧帝起、经历夏商周朝、传说活到八百岁的一个老头子。但是"莫寿于殇子，而彭祖为夭"这句话，是说未成年而死的人是长寿，而彭祖是短命，这又是"生死同状"这个观点的一个阐述。无论如何生和死是生命中的两个转折点，许多人对生和死也有不同的观点和看法。

孔子在《论语》第十一篇里说"未知生焉知死"，孔子是把生和死分开来看成两回事。胡适之先生有一篇幽默的小说《差不多先生》，他写这篇小说的用意是指出中国人做事往往马马虎虎，不够严谨、精准，只要差不多就可以了。当差不多先生病危，差不多要死去时，他还在说："活人同死人差不多，何必太认真？"美国文学家马克·吐温说过，"为什么我们出生时欢欣喜乐，在葬礼上悲哀伤痛呢？因为我们不是当事人。"意思是生是不是一种苦难，死是不是一种解脱，并没有定论。

《兰亭集序》

不过，让我讲讲东晋时被尊称为书圣的书法家王羲之先生的看法。

王羲之写的最有名的一篇文章是只有三百二十四个字的短文《兰亭集序》。在东晋穆帝永和九年（公元三五三年），三月三日，王羲之和许多东晋文人共四十一人，在会稽郡山阴县（现今浙江绍兴）的兰亭聚会。按照当地的风俗，在河畔溪边用水洗脸，用意是涤除尘垢，驱除不祥，祈求安福，叫做修禊。在聚会上，大家做诗，把这些诗集结成诗册，《兰亭集序》就是由王羲之为诗集写的序文。

王羲之把这篇序文写成行书法帖，这个法帖就叫做兰亭序，被书法家公认为"行书第一帖"，这个法帖的真迹，原本被唐太宗作为殉葬品埋入昭陵已经失传，现在还存在被公认为最好的摹本叫做"神龙本"，现存在北京的故宫博物院。王羲之写了几千张法帖，可惜到了今天，流传下来的只有大约二十张，而且都是临摹的版本。台湾故宫博物院有好几件他的作品，其中最有名的是"快雪时晴帖"。

在《兰亭集序》这篇文章里，一开始作者把聚会的时间、地点、目的写出来："永和九年，岁在癸丑，暮春之初，会于会稽山阴之兰亭，修禊事也。"参与的人是"群贤毕至，少长咸集"，周围的风景是"此地有崇山峻岭，茂林修竹，又有清流激湍，映带左右"，当时的天气是"天朗气清，惠风和畅"。

他们把盛了酒的酒杯放在清溪里顺流而下，大家列坐在清溪旁，拿起酒来喝，吟诗交谈，"流觞曲水，列坐其次……一觞一咏，亦足以畅叙幽情"。让酒杯沿着清溪顺水而流，供大家任意取用，也正是时下流行的回转寿司的做法吧！

接下来，文章里说，人的个性和爱好是不同的，有些人好静，喜欢在房间里坐下来交谈，有些人好动，生活狂放不羁，"趣舍万殊，静躁不同"。虽然如此，当每个人遇到自己喜欢的事情时，他会感到快乐和满足，"不知老之将至"；话锋一转，人们对喜爱的事物会变得厌倦，欢愉的时光会成为过去，更何况生命长短是由上天决定的，最后都会结束，"修短随化，终期于尽"。古人说"死和生是一件大事"，怎么不令人难过呢？接着，他更进一步不同意庄子死和生的看法，"固知一死生为虚诞，齐彭殇为妄作"，"一死生"就是庄子说的"死生同状"，死和生都是一样的，王羲之说那是不实际、荒诞的；"齐彭殇"就是庄子说的"殇子为寿，彭祖为夭"，未成年而死是长命，彭祖是短命，王羲之说那是胡说八道。

最后，他说，我们读古人的著作时，往往产生共鸣和同感，而且，"后之视今，亦犹今之视昔"，后代看现在，也正跟现在看过去一样，所以，我们在这里把我们的诗文写下来，虽然以后时空环境改变，我相信大家许多的感受是一样的，原文是"虽世殊事异，所以兴怀，其致一也"。

一路读下来，这的确是一篇写得很好的文章，它马上让我想到李白写的《春夜宴桃李园序》，这是一篇充满了快乐、邀请大家饮酒写诗的小品，只有一百一十七个字。

夫天地者，万物之逆旅。光阴者，百代之过客。而浮生若梦，为欢几何？古人秉烛夜游，良有以也。况阳春召我以烟景，大块假我以文章。会桃李之芳园，序天伦之乐事。群季俊秀，皆为惠连；吾人咏歌，独惭康乐。幽赏未已，高谈转清。开琼筵以坐花，飞羽觞而醉月。不有佳作，何伸雅怀？如诗不成，罚依金谷酒数。

"夫天地者，万物之逆旅；光阴者，百代之过客。而浮生若梦，为欢几何？"天地是万物的旅馆，光阴是百代的过客，人生漂浮不定，有如作梦，欢乐的时光有多少呢？

星期五

让我们来讲讲神话

荷马史诗与希腊神话

什么是神话？

什么是神话呢？神话不一定是小说（fiction），原则上小说是全部虚构的；神话不一定是神仙故事（fairy tale），因为神仙故事里的神仙全部是虚构的，而且神仙故事往往都是美丽、完美无缺的；神话不一定是寓言（fable），因为寓言都有一个教训隐喻其中。但是，神话跟历史有相当密切的关系，因为多半的神话都是描写远古时代发生的故事，从神话里可以看到很多当时生活文化的层面。神话跟地理也有密切的关系，因为不同的地区有不同的神话，有希腊神话、罗马神话、埃及神话、北欧神话、美洲神话、印第安神话和中国神话。神话和自然科学也有相当密切的关系，因为许多神话是古人对观察到的自然现象所作的解释。神话和文学更有相当密切的关系，在神话里，不但蕴藏了丰富的想象力，且经由优美的文字表达出来，荷马（Homer）叙述希腊神话的史诗，就是很好的例子。

让我们先谈谈希腊神话。在希腊神话里，神是人的化身、代表，希腊神话中的神，不是完美无缺、至高无上，而是有喜、有怒、有嫉妒、有贪婪、有失望和悲伤等等的人性，因此希腊神话里的神，都被塑造成一个年轻、俊美、健康、可爱的形象，正如荷马所说，许多希腊神话中神的形象，就是正当青春的美少年。在比较早的神话里，神和人的形象往往不一致，例如人面狮身的神（Sphinx）、有牛头和鸟翅膀的神都是例子。在希腊神话里，神是人的化身和代表，所以希腊神话里的神并没有无穷的法力，希腊神话里的故事，通常都合乎逻辑和常理，所以并没有像阿拉丁的神话里，用手一摸就有精灵跳出来的故事。希腊神话里，讲天文学，但完全没有谈星象学。希腊神话可以被看成描写人和人间的关系，描写人在大自然环境里，上有太阳月亮、下有高山河川、周围有花草树木的生活情形。

当我们片段地、零碎地讲希腊神话时，我们会讲到很多不同的神，再加上他们彼此之间的父母兄弟姐妹关系，也的确是相当混乱，弄得读者神魂颠倒、六神无主、魂不守舍，一下子不留神，故事就像神龙见首不见尾一样，失去了头绪，所以让我先粗略地叙述他们的家族关系。

神的系谱

希腊神话里的神，缘自一个代表天、一个代表地的神，可以称他们为天公和地母。天公和地母有许多儿子，叫做泰坦（Titans），也被称为老神（Elder Gods），最重要的几个老神是康纳士（Cronus）、奥斯安纳士（Oceanus）和海帕利安（Hyperion）。老神的下一代，也可以说是第三代，包括了希腊神话里很多重要的角色，特别是住在奥林帕斯山（Mount Olympus）上的十二个地位最高的神，这十二位神中，权力最大的是天帝宙斯（Zeus），他管天空、云和雨，还管打雷、闪电，至于其他的神，包括海神（Poseidon）、爱情之神（Aphrodite）等等。因为族繁不及一一记载，在很简单地把这些神的三代族谱勾勒出来后，我再把这三代接班的神话故事讲给大家听。

天公地母是第一代，他们生的儿女泰坦是第二代。但是天公对自己的儿女不好，监禁、虐待他们，所以地母发动她的儿子们篡位，其中一个儿子康纳士（Cronus）听从妈妈的话，用妈妈做的一把镰刀把天公阉割了，自己登上管治全世界的皇位。但是康纳士从天公地母那边听到，他篡了天公的位，有一天他的儿子也会篡他位，所以，每次他的皇后生小孩时，康纳士就把小孩活生生地吞到肚子里，免得这些小孩长大了篡他的位，这样一连吞食了四个小孩之后，皇后实在忍无可忍了，当她生第五个小孩（就是海神）的时候，她找一只山羊来代替，让康纳士吞下去；当她生第六个小孩（就是天帝宙斯）的时候，她用一张毯子包着一块石头来代替，让康纳士吞下去。宙斯长大后，他用他的祖母也就是地母做的毒药，让康纳士把他吞到肚子里的东西吐出来，先是那块石头，然后是那头羊，然后是他的一个哥哥、三个姐姐，后来宙斯的哥哥姐姐们联合把康纳士也就是他们的爸爸推翻，也把许多泰坦关起来，宙斯就成为统管全世界的天帝了。

有人会说，希腊神话里，这种血淋淋的故事，太恐怖、太不可思议了，居然有儿子为了篡位，把爸爸阉割了；居然有爸爸害怕儿子篡位，把儿子活生生地吞下去，而且在这当中策划的还是地母，她策动康纳士去伤害自己的爸爸，她又用毒药让康纳士把吞下去的儿子、女儿吐出来。可是，你一定已经想到这几个千年以前的希腊神话，都在历史里重复出现又再出现。为了权力，为了权力背后的荣华富贵，中外有许多勾心斗角、不择手段的宫廷斗争故事，大家非常熟悉的例子，就是在电视连续剧里看了很多次的清朝雍正皇朝的故事，还有武则天、慈禧太后的故事，父子关系、兄弟关系、君臣关系、朋友关系都会被权力的光芒所掩盖，诚实、忠贞、孝顺这些美德，都会被富贵荣华所腐蚀。即使在今天的民主政治制度底下，当所谓"父传子、子传孙"的政治体制已经不存在的时候，传位的观念、篡位的手段，能够不让我们怵目惊心，不让我们想起神话里、历史中的经验和教训吗？

不管什么制度，包括今天被视为普世价值的民主制度，都是需要时间来发展、成熟的。民主的路是崎岖的，不管在什么国家、什么地区，这条路走起来都是辛苦的、要付出代价的。我们不能够、也不会期待很容易地找到一条非常平坦的快捷方式，但我希望历史的教训，让我们有足够的智慧，不再是"一代不如一代"的回头路，而是"下一代会更好"的大路。

我们在前面讲过希腊神话里的神，第一代是天公与地母，第二代是泰坦，到了第三代和第四代就是奥林帕斯山上以天帝宙斯为首的神了，现在让我挑几个有趣的神话故事和大家分享。

希腊神话里的太阳神

我先讲太阳神的故事，在泰坦里，有一个叫做海帕利安（Hyperion）的泰坦，他有一个儿子希里欧斯（Helios）是太阳神，一个女儿斯丽莉（Selene）是月亮女神，另外一个女儿伊奥（Eos）是黎明女神，她的眼泪就是早上的露水，每天早上黎明女神会打开天上的大门，让太阳神希里欧斯驾着四匹马拖着的马车，从东边到西边，横过天空，太阳神走完后，月亮女神斯丽莉就会驾着她的银色马车，横过天空。这是一个很好的例子，指出在古老的时候，人们用神话里的故事解释他们所看到的自然现象。

太阳神的宫殿是一个光明灿烂的地方，黄金耀眼，象牙又白又亮，珠宝争辉，宫殿里每一件东西都是光彩夺目，宫殿里永远是中午、没有夜晚、没有黑暗，很少凡人受得了这种眩目的亮光，也很少凡人有机会来到这个地方。有一天，一个年轻的凡人居然来到太阳神的宫殿，虽然眩目的亮光让他不得不走走停停，他还是来到太阳神的宝座前。太阳神问他："你来这里，有什么目的吗？"年轻人说："我来是要证实，您是不是我的爸爸？我妈妈告诉我，您是我的爸爸，但是我的朋友都不相信，都嘲笑我，当我问妈妈的时候，妈妈说，你最好自己去把答案找出来。"太阳神微笑，他把他耀目的皇冠拿下来，好让年轻人可以正视他，太阳神说："你妈妈讲的是实话，你是我的儿子，为了消除你的怀疑，让我给你一个证明，让我对着冥河（Styx）这条河发誓，你要什么，我就给你什么。"在希腊神话里，天上诸神都会对着冥河发誓，因为对着冥河发的誓，必须遵守履约。

年轻人听了这话，兴奋又害怕，因为每一天早上，看到太阳升起的时候，他知道那是太阳神驾着马车，横过天空，带给世界光明，当他听到太阳神是他的爸爸，而且答应他任何一个请求时，他毫不犹豫地说："我要代替您驾着您的马车，在天空走一回。"太阳神马上知道自己错了，但是在冥河面前发过的誓言是不能收回的。他对年轻人说："我发过的誓不能收回，但是我希望你能够收回你的要求，没有一个凡人，甚至除了我之外，没有天神能驾着马车走这一趟崎岖路。早上的时候，从海面往上爬的路非常陡，这几匹马得出尽力气，拖着马车往上爬；中午的时候，从高高的天空看下来，会让你心惊胆跳；下午走下坡的时候，是最可怕的，连在海里的神都担心我会头下脚上地翻下来；而且这几匹马猛得很，非常不容易控制。还有，你以为一路走来，风景很美丽吗？不是的。沿路上狮子、野牛、蝎子、巨蟹等着伤害你。年轻人，听我的话，看看这花花世界里头任何的东西，为了要证明我是你的爸爸，我都会让你得到你要的东西。"

但是，年轻人怎么肯放弃驾着马车横过天空的机会，而且太阳神已经没有时间去说服他了，东方已经露出紫红色，黎明女神已经用她玫瑰般的手指打开了天门，星星离开了天空，连晨星（morning star）也开始黯淡了，一切已经准备就绪，年轻人跳上马车，让马带着他，越过海面的低云，向天空飞奔。刹那间，他的确觉得自己是天空的主宰，但马车开始狂烈地震动，速度开始加快，他没办法控制车子了，这几匹马知道车上不是它们的主人，而是一个没有足够力气的新手，它们拖着马车横冲直撞，高高地往上爬，迅速地往下冲，当马车爬得太高的时候，地上变得冰冷；当马车下降得太低的时候，地面被烧成沙漠，最后到处都开始着火烧起来了，从高山到平原、到谷底。奥林帕斯山上的神都大为震惊，天帝宙斯使出闪电的神力，把马车打得粉碎，也把马车里太阳神的儿子打死，他全身是火，从天上掉到伊力丹纳（Eridanus）的河里。他的两个妹妹来到河边悼念他，为他哀哭，后来化身为河边的两棵树，她们的眼泪成为河边的琥珀（伊力丹纳河是著名的出产琥珀的地方）。

在这个故事里，太阳神的儿子叫做菲雅顿（Phaethon），这就是小孩玩大车的神话故事的结局。其实，这个故事的教训是：不可以不自量力、做能力不及的事；还有爸爸溺爱儿子，也会带来不可收拾的后果。

英文单字的神话起源

仙女 Echo

接着,我要讲几个希腊神话的故事,这几个故事都和英文里大家很熟悉的字和词有关系。在英文里,echo 是"回声"的意思;在物理学里,我们知道声波在房间、山洞里经由墙壁、洞壁反射回来就成为回声。例如我们会说"We can hear the echo of his footsteps."(我们可以听到他脚步的回声)。echo 这个字也可以作为动词,"He echos my opinion."(他响应我的意见)。但是,你可知道 Echo 是希腊神话里一位美丽仙女的名字吗?

Echo 这位仙女又会讲话、又喜欢讲话,在天后赫拉(Hera)面前总是话讲不停,天帝宙斯就趁着 Echo 跟天后聊天、天后听得入神时,偷偷溜出去跟别的仙女鬼混,久而久之,天后发现了天帝的不轨行为,却把怨气发在 Echo 身上,她用神力让 Echo 永远不能自在地讲话,只能重复别人讲话的最后几个字,这可真是很残酷的惩罚。

在中国古老的传说里,有一种虫叫做应声虫,假如你不小心把它吃到肚子里,你讲什么话,它在你肚子里就会重复你的话。治疗这个毛病的唯一办法,是找一本记载所有草药名的书,把草药名一个一个念出来,当应声虫听到某一个草药名,却不重复回应的话,那就是它最害怕的草药,吃了这种草药就可以把应声虫杀死了。

自恋的水仙花

让我继续讲 Echo 这位仙女的故事,她遇到一位美少年 Narcissus,在英文里那是水仙花,为什么一位美少年会取水仙花做名字呢?继续看下去,你就会知道。Narcissus 是个万人迷,许多美丽的仙女都想和他交朋友,可是,Narcissus 从不动心,不跟任何一个要好,Echo 也很喜欢他,一直想找机会跟他交往。有一天,Echo 跟在 Narcissus 背后,来到了树林,Narcissus 放眼望去四下无人,就大声地问:"有人在这里吗?"躲在树后的 Echo 回声说:"有人在这里吗?"Narcissus 说:"来呀!"Echo 回声说:"来呀!"然后满心欢喜从树后跳出来,可是,Narcissus 看到她就说:"我才不要跟你好!"Echo 回声说:"不要跟你好!"Narcissus 就跑掉了。Echo 又伤心又懊恼,躲进山洞里,再也不出来,最后她就化身为山洞里的回声。

至于 Narcissus 的下场呢?他伤了这么多仙女的心,最后有一位仙女诅咒他说:"你什么人都不喜欢,那你就只喜欢你自己好了。"女神 Nemesis 是主掌公平正义的女神,她听到了这句话。有一天,Narcissus 到池塘边弯下身喝水时,女神 Nemesis 让他爱上了自己在水中的倒影,Narcissus 感觉到池塘里那个人,也同样地喜欢他,最后,当他发现池塘里的那个人只是他自己的影子时,他哭起来了,他说:"现在我才明白因为我只爱自己,让别人受到创伤,我没有办法接近池塘里的那个人,但是我也没有办法离开他,只有死亡才能让我得到解脱。"他坐在池塘边,凝望着水中自己的倒影,他对水中倒影说:"再见。"在不远处的仙女 Echo 也跟着回声说:"再见。"Narcissus 消失了,变成池塘边的一朵小白花,那就是水仙花。在心理学里,Narcissism 就是自恋症。

水仙花的中国传说

在中国的传说里,也有跟水仙花有关的故事。有一位老寡妇和她的儿子过着贫穷的生活,两人相依为命,儿子每天在外面工作维持生活。有一天,老太太替儿子准备好晚饭,等他回家吃饭,忽然外面来了一个老乞丐,他已经好几天没吃东西,老太太把为儿子准备好的饭拿出来给他吃,老乞丐实在太饿了,狼吞虎咽把所有的饭菜都吃光了,老太太流下眼泪,因为家里已经没有东西了,儿子回来就得饿肚子,老乞丐问明原委,他非常感动,跑到屋外,把刚刚吃下去的食物全部吐出来,吐在屋前小溪边上。第二天,老乞丐吐出来的东西变成美丽的小白花,老太太把这些小白花卖掉,赚了许多钱。这些小白花就是水仙花。

另一个大家都听过的故事:武则天在严寒的冬天,下令御花园里的花要全部为她盛开,在福建的水仙花六姐妹,只好奉上天花神的命令，从福建到长安去，可是，当她们路过长江口的崇明岛时，小妹妹不愿意到长安为武则天开花，就悄悄地留在崇明岛，所以，今天福建的水仙花一株有五朵花，崇明岛的水仙花都是一朵怒放。

水仙花是球根植物，它的根的样子跟大蒜很像，有一句歇后语"水仙不开花"，那就是"装蒜"。

正义女神 Nemesis

讲到这里，我们不要忘记那位主管公平正义的女神 Nemesis，她惩罚 Narcissus，让他变得不喜欢任何人、只喜欢自己，最后抑郁而终，变成一株水仙花。有个故事，天帝宙斯看上了 Nemesis，Nemesis 为了躲避天帝，变成不同的事物，但是，天帝也不是傻瓜，Nemesis 变成一只鹅，天帝变成一只天鹅，把 Nemesis 捉到，天帝说既然你那么精明有计谋，你就负责主管世界上的公平正义吧。如果，一个人运气太好、得意忘形，Nemesis 就会让他吃点苦头，平衡一下；如果，一个人运气太差、太倒霉，Nemesis 也会帮他一把。在英文里，nemesis 这个字是克星，而且含有报应、无法抵抗的意思，例如"Ice cream is my nemesis."（冰淇淋是我无法抵抗的克星），就是说我太爱吃冰淇淋，即使明知发胖是吃了的报应，也无法抵抗；"To do business with this guy is to invite nemesis."（跟这个人做生意就是自己找克星、找报应）。

狩猎之神 Pan

在英文里，panic 这个字是恐慌、紧张的意思，特别是一大群人或牲口集体的反应。例如 "Don't panic, the fire truck is coming."（不要恐慌！消防车马上就到了）；"A wave of panic selling shakes the stock market."（一阵恐慌性的卖压，震撼了股票市场）。在希腊神话里，Pan 是主管畜牧、狩猎的神，他的上半身是人，下半身是山羊，头上还有一对山羊的角，经常在山间、野外和森林里巡逻。希腊的牧人不管羊群、牛群发生了什么事情，通通把责任推在 Pan 身上，传说只要 Pan 大声呼叫一下，就会引起羊群、牛群骚动和恐慌；也有一个说法，在一场天神的战争里，Pan 引起敌人心中的恐惧和混乱，敌人因而落败了。这就是英文里 panic 这个字的来源。

pan 作为前缀，是全部、全面包罗的意思，Pan American 包括整个南北美洲，统称泛美，我们常讲的泛蓝、泛绿也是同样的意思。不过，pan 全部这个字义和畜牧之神 Pan 的名字有没有关系，文字学家未有一致的定见。

在英文里，pan 是一个铁盘子或是炒菜锅的意思，pots and pans 是锅锅盘盘；pan cakes 是在平锅上做的松饼；pan handling 是拿着一个盘子或者杯子行乞，在中文里，叫做沿门托钵；a flash in the pan 铁盘里的一阵闪光，是表示一场欢喜一场空的意思，这个词源于十九世纪美国淘金热时，淘金客在河里挖出来的一盘沙土里，看到一阵闪烁的光芒，后来却发现并不是金子。

畜牧之神 Pan 也不是一个老老实实、规规矩矩的牧羊神，总是喜欢去打扰追逐那些美丽的仙女，其中有一位他特别喜欢的仙女叫做 Syrinx，不过，Syrinx 很讨厌他。有一天，Pan 追 Syrinx 到河边，Syrinx 被追得走投无路，她就请她的姐妹帮忙，将她变成一根芦苇，好让 Pan 找不到她，可是，Pan 没有死心，他要永远跟 Syrinx 在一起，当他听到风吹过中空的芦苇，发出如怨、如慕、如泣、如诉的声音时，他剪了几根长短不一的芦苇，把它们绑成一排，做成一个乐器，用每根芦苇吹出不同的声音，这个乐器的名字叫做 Syrinx，在中国则称为排箫，这也就是后来口琴、管风琴等乐器的原始模型。在英文里，这个乐器也叫做 Pan flute，Pan 就是源自牧羊神 Pan 的名字；因为仙女 Syrinx 变成了一根芦苇，Syrinx 这个字就演变成英文里 syringe 这个字，syringe 通指管状的仪器工具。滴眼药水用的滴管，打针用的针筒，都叫做 syringe。

文艺女神 Muse

希腊神话里，有九位文艺女神叫做 Muse，在中文直接音译为"缪斯"。这九位文艺女神是天帝宙斯和记忆女神 Mnemosyne 生的女儿，她们掌管诗歌、戏剧、音乐、舞蹈、天文、历史这些艺术领域，分别是有一位掌管史诗，一位掌管历史，一位掌管情诗，一位掌管音乐和抒情诗，一位掌管悲剧，一位掌管圣歌，一位掌管舞蹈和合唱，一位掌管喜剧，一位掌管天文。她们在山中泉水旁唱歌跳舞，激发大家艺术创作的灵感。

在英文里，muse 这个字作为名词，指原来希腊神话里的文艺女神，引申下来又指艺术，特别是诗歌文学创作的灵感。台北故事馆有一个叫做"缪斯的星期五"的文学沙龙，每个月的第三个星期五，他们邀请诗人、小说家、散文家、创作家等朗诵他们的作品。muse 这个字作为动词是沉思、默想的意思。museum 是艺术馆、博物馆，这个字源自希腊文艺女神们 muses 的殿堂；amuse 就从原来引人深省转变为使人快乐的意思。

海仙女 Siren

在希腊神话里，还有关于住在海岛上、上半身是人下半身是鸟的海仙女 Siren 的故事。这些海仙女们用美妙的歌声吸引船上的水手，让他们将船驶向她们住的小岛，但是，这些船都会触礁沉没。传说这些海仙女和文艺女神比唱歌，海仙女输了，她们背上的翅膀被剪下来作为惩罚。在英文里，siren 这个字是告急的警笛、警铃的意思，这跟海仙女们的诱人的歌声也许有关系吧！

我用"讲神话，读英文"的口号，找出希腊话里一些有趣的故事，同时，指出这些故事里的人物和英文里许多常用的字和词关联的地方。让我继续多讲一些，首先，让我做一个交代，希腊神话和罗马神话中有很多重复的地方，不过，同一位女神在希腊神话和罗马神话里的名字往往是不同的。

爱神 Aphrodite

希腊神话里，Aphrodite 是主管爱情、美丽、欲望和繁衍的女神，在罗马神话里，她的名字是维纳斯（Venus）女神，我们也把 Aphrodite 和 Venus 称为爱神，爱神 Aphrodite 长得美丽动人，在天神和凡人里都有很多情人。不过，她的丈夫却是那位长得很丑而且跛脚的火神 Hephaestus，他主管火、工艺、冶金、雕刻，许多天神的盔甲、马车、弓箭都是他铸造的，在罗马神话里，他的名字是 Vulcan，火神是个老好人，脾气很好，手艺也很好。

为什么爱神 Aphrodite 和火神 Hephaestus 会结为夫妇呢？这中间也有不同版本的故事，一个版本是爱神实在长得太美丽了，为了避免天神们为了她争风吃醋，天帝宙斯就把她许配给火神。另外一个版本是火神的父亲是天帝宙斯，母亲是天后赫拉，赫拉看到他长得那么丑，就把他从奥林帕斯山山顶丢下来，在空中翻滚了九天九夜，落到地面时把脚摔跛了。（另外一个说法是有一次天帝宙斯因为嫉妒，动手打了天后赫拉，做儿子的火神看不过去，想来解救妈妈，却被天帝抓住从山顶丢下，把脚摔跛了。）总之，火神和天后妈妈之间有一个紧张的亲子关系。

后来，火神用金子做了一个有魔力的宝座，天后赫拉坐上去，再也站不起来，为了让天后能够脱身，天帝天后就把爱神许配给火神，作为交换条件。火神为了讨爱神的欢心，特别为她打造了许多美丽的珠宝，这样一来，更增加了她诱人的魅力。在希腊神话里，爱神浪漫、风流的故事倒是不少。

其中流传最广的是爱神 Aphrodite 和战神 Ares 的故事。在罗马神话里，战神的名字是 Mars。经由太阳神的通风报信，火神知道爱神和战神有暧昧的来往，他就用他很好的手艺打造了一个很细很细、几乎看不见的金属网，布置在床上，当战神来到爱神的房间时，把他们两个一起网住，在众神面前把他们羞辱一番。

源自爱神 Aphrodite 的名字，在英文里，aphrodisiac 是催动情欲的食物或者药品、春药的意思。前美国国务卿基辛格（Henry Kissinger）说过一句话："权力是最好的春药。"（Power is the best aphrodisiac.）意思是当一个人有了政治、财富、人事的权力，他会变得兴奋、傲慢、迷惘和过分的自信。源自爱神 Venus 的名字，在英文里，venom 原来是爱情的口服液的意思，现在演变成毒药，特别是毒蛇分泌的毒液；venerate 是崇拜的意思，因为爱而崇拜，而维纳斯女神代表的就是爱情；venereal 是形容词，venereal disease 是性病的意思。

在罗马神话里，火神的名字是 Vulcan，罗马人认为火神铸造、冶金工作的大本营是在西西里岛的一个火山底下，每当火山爆发喷出火和灰的时候，他们就认为是火神开工了，这就是英文里火山 volcano 这个字的来源。

在英文里，战神 Mars 的名字也就是火星的名字，战神也是主管季节的神，因为他最喜欢春天这个季节，所以，春天的第一个月三月就叫做 March；martial 是形容词，和军事、战争有关的意思，martial law 是军事戒严法令，martial arts 是功夫、柔道、空手道等等，court-martial 是军事法庭审判。

爱神 Aphrodite 有一个儿子叫做 Eros，在罗马神话里，他就是丘比特（Cupid），他是代表爱情美丽和情欲的神，有一双翅膀，为了和他妈妈作区分，我们就叫他的妈妈为爱神，叫他为爱情之神。他通常被描绘为一个光着身体、手拿着弓和箭、顽皮可爱的小孩子，传说被他的箭射中的人就会堕入爱河和情网之中，在有些图画中，丘比特用一条手帕蒙着双眼，象征爱情是盲目的。英文里 erotic 源自爱情之神 Eros 这个名字，就是情色的意思。

连丘比特都爱上的女子

接着，我要讲 Cupid 和一位美丽的公主 Psyche 的故事。不过，让我先把她的名字做一个交代，psyche 在希腊文是灵魂的意思，在英文 psyche 作为名词也是灵魂、精神心理状态的意思；作为动词 psych 是心理上的激发和鼓励的意思，譬如说 "The coach psyches the team up before the game."（教练在赛前为队员鼓励打气）。演变下来，在英文 psycho 是

147

"跟心理和精神状态有关的"一个前缀，psychology 是心理学，psychoanalysis 是心理分析，psychotherapy 是心理治疗，psychiatry 是精神病学。

一位国王有三个美丽的女儿，最小的女儿 Psyche 远比她的两个姐姐还漂亮，相比之下，Psyche 就真是我们中文说的美若天仙了。Psyche 的美丽吸引了许多远近的青年人来看她，他们甚至认为 Psyche 比爱神维纳斯还漂亮。如此一来，维纳斯的庙也没有人去朝拜了，她的祭坛也只剩下冰冷的灰，维纳斯当然不能忍受，她把儿子丘比特找来，跟他说："你要用你的神力，让 Psyche 嫁一个最丑陋粗鲁的丈夫。"大家记得，没有人能够抵挡丘比特的箭的力量。但是，没想到，当丘比特看到 Psyche 时，就像中了自己的箭一样，连话也说不出来。维纳斯还以为大仇已报，结果呢？Psyche 没有爱上一个丑陋粗鲁的人，但是，她也没有爱上任何一个人，很多人来看她，称羡她的美丽，却又离开她而去了。

同时，她两个姐姐都嫁给国王，过着荣华富贵的生活，美丽的 Psyche 却只是孤单、默默生活在愁困里。Psyche 的父母很担心 Psyche 找不到丈夫，她的爸爸特别去找一位先知寻求指点，其实，那时丘比特已经把整个事情跟这位先知讲过，请先知帮忙。先知说："Psyche 长得那么漂亮，没有几个人可以和她匹配，你得把她留在一个山顶上，她命中注定的丈夫是一条有翅膀的大蟒蛇，会来把她带走。"Psyche 穿上黑色的丧服，她的家人把她送到山顶，让她一个人留在那里接受她命中注定的厄运。当她颤抖哭泣时，一阵轻柔的风，把她从乱石的山顶卷起，轻轻地放在一片花香草软的草地上，她安详地睡着了。醒来时，她看到一座漂亮的大房子，金子造的柱子，银子造的墙，地上镶满宝石，她慢慢地走进去，看不到任何人，但是听到一个声音说："这是您的房子，请进！不要害怕！我们是您的仆人，我们会听从您的吩咐服侍您。"

Psyche 洗澡休息后，丰富的晚餐已经准备好了，吃饭时听到美妙的音乐，琴声伴着歌声，可是她看不到任何人。到了夜晚，正如她的期待，她的丈夫来陪伴她了，Psyche 听到他丈夫温柔的声音，却看不到他，不过，Psyche 不再害怕，也不再想起她的丈夫是不是有一副丑陋凶恶的容貌。

嫉妒才是一条丑恶的蛇

有一个晚上，Psyche 的丈夫跟她说，你的两个姐姐会到山上来找你，你千万不要和她们见面，否则，会害了我，也害了你自己，Psyche 答应了。但是，第二天，当她想起她的姐姐，她伤心地哭起来，她的丈夫没有办法安慰她，只好说："你想看她们就看她们吧！不过，你这样做会带来自己的毁灭。但是，你千万不要听任何人的劝说，想要看到我的面目，否则，我们会永远分离。"Psyche 答应他。

隔天，一阵轻柔的风把 Psyche 的两个姐姐送到山上，她们都很开心，三姐妹又重聚了。她们来到 Psyche 住的华厦，看到丰富的佳肴，听到美妙的音乐，Psyche 还把金银珠宝送给两个姐姐，塞满她们的手，Psyche 只告诉她们，她的丈夫是一个年轻的猎人，正外出狩猎，之后 Psyche 就让轻风把她们送回去。但是，她们的羡慕转成嫉妒，想了一些恶毒的计谋。

那天晚上，Psyche 的丈夫跟她说：不要再让两个姐姐回来了，但是，Psyche 说我既然看不到你，难道我不能看到我的姐姐吗？Psyche 的丈夫又只好让步。Psyche 的姐姐又再回来，反复地盘问 Psyche 她丈夫的样子，当 Psyche 答不出来时，她们告诉 Psyche，按照先知的说法，他的丈夫是一条大蟒蛇，虽然现在他对你很好，迟早他会把你吃掉的。Psyche 越想越害怕，也越相信她们的话，Psyche 就问她们，那我该怎么办？她们早就想好计谋，她们说，你晚上准备一盏灯，一把利刃，当他睡着时，你点上灯，看准一刀刺进他的身体，我们会在旁边，把你安全地带走。Psyche 不知道该怎么办，她挣扎了一整天，最后她决定，晚上她要点上灯，看看丈夫的样子。当她丈夫睡着时，她点上灯，看到的不是一条大蟒蛇，而是一个英俊的美男子，她跪下来，羞耻和惭愧让她恨不得把准备好的刀子往自己的胸口刺下去，她的手在发抖，手里的灯的灯油滴到她丈夫的肩膀上，她的丈夫受了伤，醒过来，一句话也不说，就离开她了。

爱情的力量

Psyche 在黑夜里追过去，看不到她的丈夫，只听到他的声音："我是主管爱情的神，没有互信，爱情是不能存在的，再见吧！"Psyche 悲伤之余，鼓起勇气，下定决心要尽她的余生去找丘比特，即使他不再爱她，她还是要让他知道她多么爱他。

丘比特被灯油烫伤，回到妈妈维纳斯身边疗伤，维纳斯听到这个故事，更生气了，她要去找 Psyche 惩罚她。

Psyche 到处找天神们帮忙，可是，他们都不想得罪维纳斯，最后，她觉得唯一的办法是直接去找维纳斯，她愿意做维纳斯的仆人，来平息她的愤怒，而且，她想也许在维纳斯家里会遇到丘比特。维纳斯说："你要做我的仆人吗？好！让我来训练你。"她把一大把麦和谷混合，吩咐 Psyche 在天黑以前把麦和谷分开来。当 Psyche 坐在那里哭时，一大群蚂蚁出来帮忙，一下子就把工作完成了。维纳斯接着又给了 Psyche 几个苦差事，Psyche 都一一完成了。

最后，维纳斯给 Psyche 一个最困难的差使，维纳斯说为了照顾受伤的丘比特，她实在筋疲力尽了，她给 Psyche 一个匣子，要她到阴间去找主管生死的女神，向她求一些她的美丽和魅力放在匣子里带回来。Psyche 穿过地底的一个洞，来到死亡之河，找到一个船夫送她到河的对岸，通过一只有三个头的守门狗，终于看到了主管生死的女神，她也答应把一些她的美丽和魅力放在匣子里让 Psyche 带回去。Psyche 想到马上就会看到丘比特，她想打开匣子用一点点里面的美丽和魅力，把自己的容貌变得更美，可是，当她打开匣子时，发现匣子是空的，Psyche 突然变得软弱无力，沉沉地睡着了。

这时，丘比特的伤口已经复原，维纳斯把大门锁上了，丘比特就从窗口飞出去，找到他的妻子 Psyche，把她眼里的睡眠抹掉，把睡眠放回匣子里，用一枝箭轻轻地触刺，把 Psyche 唤醒，轻轻地责骂她一下，然后告诉她拿着匣子送给维纳斯。丘比特直接来到天帝宙斯面前求他帮助，天帝答应了。天帝把所有的天神召集在一起，宣布丘比特和 Psyche 正式结为夫妇，天帝还让 Psyche 喝了不老的灵药，让她从凡人变为天神。这就是整个故事美满快乐的结局，爱情 Cupid 和灵魂 Psyche 经过磨练和考验，最后在一起，永不分离。

大力士海格力斯

在罗马神话里，有一个家传户晓的大力士、大英雄叫做海格力斯（Hercules）；在希腊神话里，他们叫他 Heracles。海格力斯强壮、勇敢，但是脾气暴躁、有勇无谋，也许有点像《三国演义》里的张飞，《水浒传》里的黑旋风李逵吧！海格力斯一生经历过也克服了许多考验和挑战。

海格力斯是天帝宙斯和一个凡间女子爱米莉（Alcmene）生的孩子。天帝宙斯风流成性，招引来的后果就是天后赫拉的愤怒和嫉妒。海格力斯才几个月大时，有一天晚上，天后赫拉派了两条大蛇溜进他的婴儿房,和海格力斯睡在一起的弟弟依佛季斯(Iphicles)被吓得嚎啕大哭,依佛季斯是他同母异父的凡人弟弟,当妈妈赶过来时,只看到海格力斯左右两只手拿着两条被他捏死的大蛇,坐在那里哭。

还有一个故事,天帝宙斯因为海格力斯的妈妈是凡人,趁着天后赫拉睡觉时,把海格力斯放在赫拉胸前偷偷吸吮天后的奶水,希望这样可以让海格力斯变成天神,也许是海格力斯力气太大,他咬了赫拉一口,赫拉醒过来,看到一个陌生的婴儿正在吸吮她的奶水,一手把海格力斯推开,她的奶水也洒在天空上,这就是我们地球所在的银河系统,晚上在天空上看来就像一片洒开的奶水,所以,我们的银河系统就叫做"奶水之路"(Milky Way)。

海格力斯的妈妈找了许多好老师来教他拳术、击剑和射箭,这些老师都是鼎鼎有名的天神,一个不幸的意外,因为音乐老师对他严格地要求,海格力斯拿起正在学弹的吉他把老师打死了,这位音乐老师还是太阳神阿波罗(Apollo)的儿子,因此,海格力斯被送到山上牧羊,十八岁时,赤手空拳捏死了一只狮子。据说,有两位仙女来看他,她们的名字是玩乐(Pleasure)和美德(Virtue),她们说有两条他可以选择的生命之路,一条是充满轻松和快乐,一条是充满艰苦和荣耀,他选择了后面一条路,也许他很傻,但是为了荣耀,世界上也有很多人跟他做一样的选择。

后来，海格力斯帮助一位国王打败了来侵略的敌人，国王把公主密格拉许配给他，他们生了三个小孩。可是，天后赫拉还是怀恨在心，不肯放过海格力斯，赫拉的诅咒让海格力斯失控发狂，把密格拉和三个小孩都杀死了，海格力斯恢复神智清醒后痛不欲生。不过，在他妈妈和一位好朋友的安慰下，他决定向一位先知求救，先知告诉他，他必须通过非常困难的考验来赎罪、净化自己。海格力斯在先知指引下，其实这也是天后赫拉在背后操纵，投靠了一位国王，并答应以十二年为期，做国王的仆人，接受任何指派的任务，国王一共指派他十二个非常困难危险的任务。

第一个任务是去杀死一只刀枪不入的狮子，这对海格力斯来讲不是问题，他就跟他在十八岁时一样，徒手把狮子捏死了。第二个任务是去杀死一条有九个头的蟒蛇，这条蟒蛇如果一个头被砍掉的话，会再长出两个新的头，还好海格力斯找到他的侄儿帮忙，也把这条蟒蛇杀掉。剩下的危险任务，就不再赘述，不过，海格力斯都把它们完成了，也为一场家庭悲剧画上句点。海格力斯接下来的故事，还多得很，我就不在这里多说，有兴趣的读者，可以找本希腊神话细读，如果要偷懒的话，也可以找到一套一九九七年 Walt Disney 制作的卡通 *Hercules*，虽然电影和原来的希腊神话还是相去尚远。最后，海格力斯和天后赫拉和好了，也升格为天神。

海格力斯留给人们的想象

海格力斯 Hercules 代表的是强壮、孔武有力，在英文里，herculean 是形容词，是指需要很大力气、很困难的工作和事情，例如"It takes a herculean effort to bring this project to completion."（需要超乎寻常的力气才能把这个计划完成。）

海格力斯完成十二项困难危险的任务，也让我们想起《西游记》的故事。唐僧走遍千山万水，历尽九九八十一个磨难，火焰山、盘丝洞，可不也是有许多相似的地方吗？还有大家也会记得周处除三害的故事，周处从一个好勇斗狠的少年，为社会除掉三害，成为一位忠臣良将。

还有，海格力斯在第一个和第二个任务中杀死的狮子和蟒蛇是天神太方（Typhon）的两个儿子，太方是狂风的风神，他有一百个蟒蛇的头，眼睛和舌头都会喷火，许多天神都被他吓得逃到埃及去躲起来。最后，还是天帝宙斯出马和他大战一场，宙斯把一座大山压在他身上，但是他还是继续喷火和烟，这座大山就是现在意大利西西里岛东面的埃特纳火山（Mount Etna），它是欧洲最大的活火山。

英文 Typhoon，中文翻成"台风"这个词，一个说法是源自这位希腊天神太方的名字，另外一个说法 Typhoon 这个词源自中文"大风"这两个字。

天神四兄弟

接着,让我讲四个天神兄弟的故事,他们的名字是爱勒斯(Atlas)、普罗米修斯(Prometheus)、艾比米修斯(Epimetheus)、曼尼西斯(Menoetius)。

首先我要讲的是爱勒斯,在天神的一场大战里,他们四兄弟,两个两个选边站,爱勒斯和曼尼西斯选错边,战败后被天帝宙斯惩罚,爱勒斯得永远站在大地的西边,不分昼夜、无论晴雨,用肩膀把天空撑起来。这倒跟中国《山海经》里盘古开天辟地的传说有点相似的地方,宇宙刚开始时,混沌一团像一个鸡蛋一样,盘古在里面睡了一万八千年,他醒过来后把清和浊、阳和阴分开来,清新的阳气往上升成为天空,混浊的阴霾往下沉成为大地,天每天上升一丈,地每天加厚一丈,盘古站在那把天撑起来,每天身高也增加一丈,这样又过了一万八千年,天和地之间的距离变成九千里,盘古的身高也变成九千里了。我得交代一下,这些数字是从中国古书里出来的,我做了一些加减乘除的换算,也能说大致是正确的。

讲到这里,我又得回过头来讲大力士海格力斯的故事,在他要完成的十二项艰巨的任务里,有一项任务是要到由爱勒斯三个女儿看管的花园里采金苹果,看守这个花园的又是天神太方的另外一儿子,这个儿子也有一百个蟒蛇头,海格力斯根本不知道这个花园在哪里,他跑去跟爱勒斯说:"我帮你把天撑住,你帮我去把金苹果采回来。"爱勒斯看到了一个脱身的好机会，就去把金苹果采回来，跟海格力斯说："你继续把天撑住，我替你把金苹果送到国王那边去就好了。"海格力斯很聪明，他说好，不过，你先把天撑一下，让我调整一下肩膀上的垫子，爱勒斯很老实听了他的话，把金苹果放在地上，把天撑起来，海格力斯把金苹果从地上捡起来，回到国王那边去了。

在英文里，atlas这个字是"地图集"的意思。其实，这个字这样用是出于误解，天神爱勒斯撑住的是天，不是把地球背在肩膀上。在古希腊时代，他们根本还没有"大地是一个圆球"这个观念，不过到了十六世纪，有一个人出版了一本地图集，画上了一张天神爱勒斯把地球背在肩膀上的画，所以，atlas这个字就用来作为地图集的意思了。

神火之贼

接着，让我们谈谈天神爱勒斯的另外两个兄弟，也就是在天神大战中选对边的两个兄弟，他们的名字是普罗米修斯（就是远见、先见、先知的意思）和艾比米修斯（就是后见、后知后觉、反思的意思）。虽然他们两个在天神大战里选对了边，后来还是在许多事情里，得罪了天帝宙斯。普罗米修斯是一个对人类很爱护和照顾的天神，他精于各项手艺，数学、建筑、写作、金属手工都由他起源。天帝看到普罗米修斯和人类的关系那么好，已经十分嫉妒，普罗米修斯又耍弄天帝，他把奉献给天帝的祭品分成两份，一份是把牛肉包在牛的胃里，在里面的牛肉是好东西，在外面的牛胃却是难以下咽；一份是把牛骨包在牛的肥油里，就是把根本不能吃的牛骨包在诱人的肥油里，天帝选择了肥油包的牛骨，因此上了普罗米修斯的当，天帝大为生气，怒不可遏，就不许人类有火。普罗米修斯想出一个计谋，把火从天上偷到凡间，结果，他和艾比米修斯都受到惩罚。

在英文里，promethean 源自 Prometheus 这个名字，是创意或是好手艺、特别是大胆的创意的意思。

普罗米修斯受到什么惩罚呢？天帝宙斯把他锁在一块大石上，每天有一只老鹰来啄食他的肝，因为普罗米修斯是天神，不会死掉，他的肝到了晚上又再长回来，老鹰在白天又再回来啄食。一直到我在前面讲过海格力斯去找金苹果的路上，才把他解救出来。

潘多拉的盒子

那么，他的弟弟艾比米修斯呢？天帝命令火神（Hephaestus）做了一个美丽又邪恶的女人，让每位天神送给她美丽而又邪恶的礼物，阿西娜（Athena）女神教她缝纫、纺织、制作美丽迷人的衣服，爱神 Aphrodite 送她优雅和残酷，商业之神荷美斯（Hermes）送她狡猾、诈欺、伶牙俐齿、说谎话的本领，其他的天神送她项链、花冠，这个女人的名字就是潘多拉

（Pandora）。在希腊文里，pan 是全体，dora 是礼物，Pandora 就被解释为大家都送礼物给她的意思。

天帝把潘多拉送给后知后觉的艾比米修斯，但是有远见的普罗米修斯预见这里面是有阴谋的，他警告艾比米修斯别接受这份"礼物"。但是，艾比米修斯实在无法抗拒潘多拉的美丽，赶紧就跟她结婚了。天帝还送给艾比米修斯一个瓶子，他跟艾比米修斯说："千万不要打开这个瓶子。"艾比米修斯也很听话，没有碰这个瓶子。但是，潘多拉好奇心重，偷偷把瓶子打开，天帝预先放在瓶子里的疾病、瘟疫、嫉妒和仇恨，通通跑到世界上来了，潘多拉赶快把瓶子盖上，留在瓶子里的只剩下"希望"。其实，为什么天帝宙斯把希望放在瓶子里呢？是难以了解的，何况今天人间不是充满了希望吗？希望不是我们应付疾病、痛苦、悲伤和失望最大的力量吗？

我得先交代一点，按照希腊神话的记载，天帝宙斯给艾比米修斯的是一个瓶子，后来以讹传讹，现在我们都说是一个盒子，当我们说打开潘多拉的盒子（Pandora's box），意思就是让一切麻烦、痛苦、不幸的事情都被揭露、张扬跑出来了。

至于在天神大战中，和爱勒斯一起选错边的第四个兄弟曼尼西斯，被天帝宙斯用闪电打入地狱去了。

在希腊神话里，有一个和《圣经》里诺亚方舟（Noah's Ark）的故事相似的传说。天帝宙斯对人间的各种罪恶行为非常不满意,决定用一场大洪水把人类毁灭,唯一生存下来的是普罗米修斯的儿子杜基瑞安(Deucalion),和艾比米修斯、潘多拉生的一个女儿佩拉(Pyrrha)这一对夫妇,也就是后来全人类的老祖宗。

太阳其实很浪漫

后羿射日

在中国神话里，有关太阳的神话，最有名的就是"后羿射日"的故事，这个故事有几个不同的版本，但是主要的情节是一样的。后羿是英勇善于射箭的天神，他的妻子嫦娥是天上的女神，"后羿射日，嫦娥奔月"就是有关他们的神话。我们先讲后羿射日的故事。

在唐尧时代，天上有十个太阳，那是天帝天后的十个儿子，天后每天驾车护送一个太阳儿子到天上值班，十天轮流一次，可是时间久了，十个儿子觉得枯燥乏味，有一天早上，他们不理天后的呼唤，一起出现在天空中。大地受不了十个太阳的烘烤，植物枯死，野兽也四处侵害人民；尧帝向上天祷告，天帝就派后羿带着他的妻子嫦娥来到人间，给他一把红色的弓、十枝白色的箭（这就是古书里说的彤弓素箭），天帝的原意是要后羿用弓和箭来吓唬十个顽皮的儿子，让他们乖乖地回复到正常的轮班。但是，当后羿看到老百姓受的苦难，他气得冒火，弯弓射箭把九个太阳射下来，幸好尧帝想到天上不能没有太阳，赶快派人从后羿的箭筒里偷取了一枝箭，所以，天空剩下一个太阳。后羿还以为立了大功，没有想到天帝因他射杀了他的九个儿子，非常生气，把他和妻子嫦娥贬罚到人间，作为凡人。

夸父追日

另外,还有一个太阳的故事,是《山海经》里"夸父追日"的故事。在中国古代的传说人物中,祝融是管火的,共工是管水的。共工生了后土,后土生了信,信生了夸父。据说夸父是个巨人,他用两条黄蛇作为耳环,当他看见太阳由东升起、向西行走的时候,他提着拐杖要跟着太阳一起走,可是他一直追不上太阳,跑得口渴得不得了,把黄河、渭河的水都喝光了,最后口渴而死,他的拐杖化成了树林。"夸父追日"象征一个人徒有理想,却不自量力,跟希腊神话里太阳神的儿子一定要去驾太阳神的马车,却没有足够的力气和经验,终于招致被宙斯用雷电毁灭的悲惨结局,有相似的地方。

徐志摩有篇散文叫做《我所知道的康桥》,描写他在英国康桥(Cambridge)进修时的生活和康桥的风景,其中有一段他骑着脚踏车,迎着太阳直追的描述:"我常常在夕阳西晒时,骑了车,迎着天边扁大的日头直追,日头是追不到的,我没有夸父的荒诞,但晚景的温存,却被我这样偷尝了不少。"徐志摩没有追上太阳,却偷尝到晚景的温存。他接着描写了他印象中几次夕阳的美景:"只说看着夕阳,我们平常只知道登山或是临海,但实际只需辽阔的天际,平地上的晚霞有时也是一样的神奇。有一次我赶到一个地方,手把着一家村庄的篱笆,隔着一大田的麦浪,看西天的变幻。有一次是正冲着一条宽广的大道，过来一大群羊，放草归来的，偌大的太阳在它们背后放射着万缕的金辉。天上却是乌青青的，只剩这不可逼视的威光中的一条大路、一群生物！我心头顿时感着神异性的压迫，我真的跪下了，对着这冉冉渐翳的金光。再有一次是更不可忘的奇景，那是临着一大片望不到头的草原，满开着艳红的罂粟，在青草里亭亭地像是万盏的金灯，阳光从褐色云里斜着过来，幻成一种异样的紫色，透明似的不可逼视，霎那间在我迷眩了的视觉中，这草田变成了……不说也罢，说来你们也是不信的！"最后《我所知道的康桥》这篇文章是这样结束的："一别二年多了，康桥，谁知我这思乡的隐忧？也不想别的，我只要那晚钟撼动的黄昏，没遮拦的田野，独自斜倚在软草里，看第一个大星在天边出现！"讲到徐志摩的夕阳，也让我为大家引李商隐的一首诗：

向晚意不适，驱车登古原。

夕阳无限好，只是近黄昏。

香港的歌手陈奕迅也唱过一首叫《夕阳无限好》的歌，其中有几句是"夕阳无限好，却是近黄昏"。

嫦娥奔月与登月

让我回过头来，讲嫦娥奔月的故事。前面讲到后羿因为将天帝的九个太阳儿子射下来,天帝大怒,把后羿和嫦娥贬为凡人。后羿因为连累妻子感到内疚,从西王母那边讨来长生不老的丹药,准备和嫦娥一起分享,可是嫦娥一个人偷偷把仙丹吞下,突然觉得身轻如燕,双脚离地,升在空中,凌云驾风,飞到月亮的广寒宫,一个人孤单地住下来了。

另一个和月亮有关的神话,是月亮里有一只浑身像玉一样洁白的兔子,它在月亮里捣药,这只兔子怎么来的呢?传说有三个神仙化身为三个可怜的老人,向狐狸、猴子、兔子要东西吃,狐狸和猴子都有食物给神仙吃,只有兔子没有,兔子就说:"那你们就吃我的肉吧!"自己跳入烈火中,把自己烤熟给神仙吃,神仙十分感动,就把兔子送到月宫去了。其实,因为月球表面上高低不平,从地球看见的阴影,就像一只兔子的形貌,古人就有了这个故事作为解释。近代天文科学和科技的进步,尤其是在一九六九年七月人类成功登陆月球,对月球很多的影像都得到解释,有趣的是美国登陆月球的计划叫做"阿波罗计划"(Project Apollo),大家应该还记得阿波罗是希腊神话的太阳神。

诗人对月亮的想象

讲到月亮和嫦娥,就想起李商隐很有名的一首叫做《嫦娥》的诗:

云母屏风烛影深,长河渐落晓星沉。

嫦娥应悔偷灵药，碧海青天夜夜心。

云母造的屏风映着蜡烛的影子，长河就是银河，晓星就是"morning star"，清晨就要来临了，银河和晨星都要消退了，诗人要问嫦娥，有没有后悔偷吃不老的灵丹，被终身囚禁在月宫里，在广大寂静的碧海青天上，每夜都怀着一颗孤独寂寞的心。这首诗平易近人，其中用得最好的一个字是"嫦娥应悔偷灵药"里的"应"字，我们不要把这个字解释为"应该"的意思，诗人怎会下一个断语，说嫦娥应该后悔呢？这个"应"字是"可能"、"会不会"的意思，是诗人想要问嫦娥，是诗人的一个推想而已。

还记得多年前，在旅居美国四十年后，我回到台湾，在清华大学工作。有一天在办公室工作到深夜，走在回宿舍的路上，看到天上的月亮，想起李商隐这首诗，不由得自问，我是不是也像偷了灵药的嫦娥，离开了熟悉习惯的环境，来到一个还算是陌生的地方。当时我就觉得这句诗也许可以改为"嫦娥未悔偷灵药"，"碧海青天"也何尝不可以解释为一份开放、舒畅、平静、安泰的心情呢。

诗人描写月亮的诗有很多，譬如苏轼的《水调歌头》：

明月几时有，把酒问青天。
不知天上宫阙，今夕是何年。
我欲乘风归去，又恐琼楼玉宇，高处不胜寒。

起舞弄清影,何似在人间。

转朱阁,低绮户,照无眠。

不应有恨,何事长向别时圆?

人有悲欢离合,月有阴晴圆晴,此事古难全,

但愿人长久,千里共婵娟。

在唐诗里,还有李白的《月下独酌》:

花间一壶酒,独酌无相亲。

举杯邀明月,对影成三人。

月既不解饮,影徒随我身。

暂伴月将影,行乐须及春。

我歌月徘徊,我舞影零乱。

醒时同交欢,醉后各分散。

永结无情游,相期邈云汉。

还有,也是李白的《静夜思》:

床前明月光,疑是地上霜。

举头望明月,低头思故乡。

月亮女神 Selene

最后,有一个关于希腊神话月亮女神斯丽莉的故事。月亮女神爱上了一个年轻俊美的牧羊人安得米亚(Endymion),她用神力让年轻的牧羊人沉睡不醒,永远保持青春,每天晚上

都会来到山边的草原看他、吻他,让银色的光芒,洒遍他的全身。这个神话可以看成很单纯的月色普照大地的一个幻想,但也可以让诗人雅士作很多的猜想和解释。对月亮女神来讲,这是永恒的爱吗?还是单独和痛苦的负担?对安得米亚而言,他有什么感觉、什么回应吗?这是他想要的爱吗?十九世纪的名诗人济慈(John Keats)写了一首长诗,描述这个故事,他开始的几句是:

A thing of beauty is a joy forever,
Its loveliness increases,
It will never pass into nothingness.
美丽是永恒的欢欣,
它变得越来越可爱,
它永远不会消失。

十九世纪美国诗人朗费罗(Henry Wadsworth Longfellow),也有一首描述这个故事的诗,诗的最后四句是透过一位天使的歌声,轻轻地问安得米亚,你在哪里?为什么还没有醒过来?

Responds, as if with unseen wings,
An angel touched its quivering strings,
And whispers in its song,
  "Where hast thou stayed so long?"

回答我吧,天使用她无形的翅膀,

抚弄着抖颤的琴弦,

在歌声里轻轻地问,

"你流连在何方?"

星期六

改变历史的偶然

特洛伊战争

关键因素

从历史上的大事到日常生活的细节，一个小小的因素，或者源于偶然，或者源于愚昧，往往导致意料不到的后果，有人把这些因素叫做关键因素（hinge factor）。我读过一本书，书名就是《关键因素》（*The Hinge Factor*），书里指出历史上好几场有名的大战，每一场大战都有它的关键因素，直接影响到战争胜负的结果。我想为大家讲一些书中叙述的故事。

第一个我要讲的故事是三千多年前的"木马屠城记"，也就是一共打了十年的特洛伊战争（Trojan War），这个故事在两篇有名的希腊史诗里，讲得活灵活现，那就是荷马的史诗《伊利亚德》（*The Iliad*）和弗吉尔（Virgil）的史诗《埃涅阿斯纪》（*The Aeneid*）。这个故事是神话和历史的交织，神话里有很多不可信的地方，历史的考证，隔了那么久，也很难确认。尤其是神话那一部分，我们的确只能够把它看成幻想、虚构的故事，不必当真。

这场战争是在公元前一千多年，在希腊半岛上的一个城邦斯巴达（Sparta）和在爱琴海东岸的城邦特洛伊（Troy）之间的战争。斯巴达人以骁勇善战著名，特洛伊是当时最富庶强盛的城邦。特洛伊是希腊文的音译，"Trojan"就是特洛伊的居民或者作为形容词，表示属于特洛伊的人和物。

总是为了美女

这个故事的女主角叫做海伦（Helen），她是斯巴达的绝色美人，她的妈妈是斯巴达的皇后丽达（Leda）。宙斯化身为一只天鹅，引诱皇后丽达，生下了海伦。神话里，说得更神奇、古怪，皇后丽达生下四胞胎，海伦是四胞胎之中的一个，这四胞胎是从皇后生下来的两个蛋里蹦出来的，有兴趣的读者可以到希腊神话里找这个故事。海伦长大后，她的美丽闻名遐迩，希腊许多城邦的王子、武士都来追求她，后来国王、也就是海伦名义上的爸爸，为海伦选了青年贵族米奈劳斯（Menelaus），并且把米奈劳斯立为斯巴达国王。

这个故事的男主角叫做帕里斯（Paris），他是非常英俊的王子。讲到这里，又得插上一段神话。在希腊神话里，奥林帕斯是众神居住的地方，在一个盛大的喜宴里，所有的神都被邀请，独独以捣乱、制造麻烦出名的女神厄里斯（Eris）被排除在外，可是这位女神还是不请自来，而且在宴会桌上丢出一个金苹果，上面写着"给最美丽的女神"。麻烦跟着来了，每一位女神都想得到这个金苹果，经过一番辩论争执后，剩下三位女神，她们都要争取这个金苹果。这三位女神是：天神宙斯的太太（也是主管婚姻的天后）、主管正义与智慧的战神以及主管爱情与美丽的爱神，大家说："那就由天神宙斯来决定吧！"可是，宙斯聪明得很，才不要蹚这浑水，他说："就请特洛伊城里，出名英俊的王子帕里斯来作决定吧！"

帕里斯是特洛伊的王子，他的爸爸国王普莱姆（Priam）为了避免灾难，把他送到山上牧羊，他在山上和一位年轻的少女生活在一起。这三位女神来到帕里斯面前，都提出交换条件。天后提出的是让他统治欧洲和亚洲，战神提出的是征服希腊人，爱神提出让他得到世界上最美丽的女人，帕里斯选择要世界上最美丽的女人。所以，主管爱情和美丽的爱神就把他带到斯巴达，去看国王米奈劳斯和他的皇后海伦，因为海伦是世界上最美丽的女人。国王米奈劳斯和海伦对帕里斯很客气、热情，好好地接待他，没想到当米奈劳斯外出参加祖父的葬礼时，帕里斯竟把海伦连同仆人、金银珠宝拐走，回到特洛伊。至于，帕里斯是不是得到爱神的帮助，把海伦迷住了，还是用暴力把海伦架走，史上的记载并不清楚。

米奈劳斯回到斯巴达，发现帕里斯把海伦拐走了，当然非常震怒，召集希腊所有国王、武士攻打特洛伊。其实，希腊对特洛伊仇视多年，早想找机会把强大繁荣的特洛伊消灭，他们组成了一千艘船的大队，浩浩荡荡启航，穿过爱琴海向特洛伊出发。

讲到这里，让我打个岔，为了世界上最美丽的女子，一千艘希腊大军启航出发，在十六世纪有一位英国戏剧家就有"一张可以让一千艘船启航的面孔"的说法，来形容海伦的美貌。推而广之，喜欢玩文字游戏的人就说女子美丽的容貌，可以用千分之一海伦作为单位来衡量，那就是一个"milli-Helen"，有千分之一个海伦美丽的面孔足以让一艘船启航，有百分之一个海伦那么美丽的面孔，就足以让十艘船启航了。如果要这样玩下去，我们中国文字里，也有相似的方法来衡量女子的美丽。白居易的《长恨歌》里，描写杨贵妃的美丽是"六宫粉黛无颜色"，所以，如果说"三宫粉黛无颜色"，那就是有杨贵妃一半的美丽了，如果说"十宫粉黛无颜色"那就是有杨贵妃1.67倍的美丽了。还有，吴梅村在《圆圆曲》里，描写陈圆圆的美丽"冲冠一怒为红颜"，那么"冲冠三怒为红颜"就是有陈圆圆三倍的美丽了。

天神的介入

言归正传，我们还是回到特洛伊城之战，希腊的大军由米奈劳斯的哥哥担任总司令，他手底下有两员大将奥德赛斯（Odysseus）和阿基利斯（Achilles）。奥德赛斯足智多谋，阿基利斯骁勇善战。特洛伊这边由国王普莱姆（Priam）和皇后赫谷花（Hecuba）领军，他们手底下最骁勇的一员大将就是他们的大儿子赫陀（Hector）。

这场仗打了九年，各有胜负，也从地上打到天上，天上的神明都选边站。原来的三位女神的立场更是明显不过了，主管爱情和美丽的爱神，因为和帕里斯的关系，自然站在特洛伊这一边；另外两位女神天后和战神，因忿忿不平的缘故，站在希腊人那一边。主管光明的阿波罗支持特洛伊，海神却支持斯巴达，至于天神宙斯呢？他是偏袒特洛伊的，但是，他又怕老婆，所以表面上采取中立态度。

这场仗怎样打呢？其中有很多有趣、也很多人性的故事，和《三国演义》的故事也有许多相似的地方。希望我在这里大略地叙述，能够引起大家的兴趣，去找书来多看一点；而且西方的文化语言，深受希腊文化的影响，即使我这个短短的叙述，相信读者也能体会到一点关联性。在希腊和特洛伊这场大战里，有几个重要的转折点。

在一场大战里，海伦原来的丈夫米奈劳斯国王，和把海伦拐走的的王子帕里斯，面对面决斗。帕里斯先攻，米奈劳斯用盾牌挡住他的矛，然后把自己的矛丢出去，刺破了帕里斯的战袍；不过，帕里斯并没有受伤，米奈劳斯拔出他的剑，却被支持保护帕里斯的爱神打断了，米奈劳斯空手扑过去，捉住帕里斯头盔上的翎毛，正要把他拖回希腊的大本营时，爱神及时出来，把帕里斯头盔上的皮带弄断，米奈劳斯只捉到空的头盔，帕里斯就脱身了，爱神把他送上云端，跑掉了。希腊的领军总司令跟双方军队谈好，都接受若是米奈劳斯打赢了，特洛伊人得把海伦送回希腊。但是，痛恨帕里斯的天后和战神，不甘心就此罢休，她们想看到希腊人继续进攻，把特洛伊城破坏毁灭；她们怂恿一个特洛伊人，用箭去射米奈劳斯，虽然米奈劳斯只受到轻伤，可是，双方有了误解又打起来了。

阿基利斯

另外一个重要的插曲,就是希腊最骁勇善战的阿基利斯和特洛伊最骁勇善战的赫陀的生死之战。起初,阿基利斯因为和希腊总司令之间有私人恩怨,不肯上阵打仗,赫陀却越战越勇,加上天神宙斯也从天上跑下来帮他一手,希腊人看样子要被特洛伊人打败了,总司令也很想开船回希腊,希腊军队的内部再三请求阿基利斯上阵,但他坚决不肯,这时天后又出手帮希腊人的忙,她用尽甜言蜜语,迷住了天神,让他分了心,没有去帮特洛伊人的忙。可是,当希腊人正要转败为胜时,天神又醒悟过来,把天后赶回天上,还是再出手帮赫陀。当希腊人节节败退时,阿基利斯又不肯上阵,阿基利斯的好朋友无法忍受了,他借了阿基利斯最美丽的盔甲,上阵和赫陀决斗,赫陀不但把他杀死了,还把他的盔甲脱下来,自己换穿上美丽的盔甲。阿基利斯听到好朋友的死讯后,才决心去和赫陀决战。阿基利斯的妈妈也是一位女神,因为阿基利斯原来的盔甲被赫陀拿去了,他妈妈为他带来新的盔甲。当阿基利斯和赫陀对决时,赫陀发现上了战神的当,战神骗了赫陀,让他手上只拿了一把剑、没有长矛;更重要的,因为赫陀穿的是阿基利斯原来的盔甲,阿基利斯知道盔甲在咽喉处有一个开口,阿基利斯用长矛从这个开口刺进去,就把赫陀刺死了。阿基利斯和赫陀的恩怨还未了,阿基利斯还用马拖着赫陀的尸体,绕着特洛伊的城墙跑,荷马的史诗《伊利亚德》讲到这里为止。

当希腊人节节胜利的时候，阿基利斯却被帕里斯一箭射死了。上面讲过阿基利斯的妈妈是一位女神，阿基利斯生下来时，妈妈把他的身体浸在河里，这条河的河水有特殊功能，被浸过的身体，刀枪不入，可是妈妈捉住他的脚跟，把他的身体浸在河里，脚跟没有浸到河水，因此，他的脚跟那一小块，没有抵挡刀枪的功能，当帕里斯发箭射向阿基利斯的脚跟，阿基利斯就中箭死了。所以，今天在英文里，我们用"阿基利斯的脚跟"（Achilles' Heel）来形容一个能干的人、一个庞大成功的计划中、一个庞大的企业里，一个可以致命的弱点，也就是最弱的一环（the weakest link）的意思。至于中文，我们也有"打蛇要打在七寸"的说法。

至于帕里斯的下场呢？阿基利斯死后，希腊人觉得胜利遥不可及，又找到一位神箭手上阵打仗，他射出的第一箭，射中了帕里斯，帕里斯受伤后，要手下把他送到当年牧羊的山上，去找跟他生活在一起的那位少女，因为她有可以治疗他箭伤的妙药，但是少女认为帕里斯无情无义，不肯宽恕他，亲眼看着帕里斯死了之后，也自杀了。

木马屠城

前面讲过，希腊里的两位大将是奥德赛斯和阿基利斯。奥德赛斯足智多谋；特洛伊有一道非常坚固的护城墙，十年来，战争都在城墙外面打，奥德赛斯知道，除非他们能够攻进城，否则这场仗是赢不了的，所以，奥德赛斯想出了一个计谋。

有一天早上，特洛伊城墙上守卫的卫兵，看见了两件不可思议的事：第一，所有希腊的船都不见了，希腊军营里也静悄悄没有人声，很明显他们在夜里全部撤退了；第二，他们看见一匹很大很大的木马停放在城墙外面，特洛伊人高兴极了，战事终于结束了！他们从城里蜂拥出来，特别要看看这匹庞然巨大的木马。但是，特洛伊的士兵发现一个希腊人，躲在水草旁边，没有跟其他希腊人一起撤退，他们把他带到特洛伊的国王面前，这个人哭哭啼啼地说他不要再做希腊人了，因为希腊人得罪了主管正义和智慧的战神，要把他作为赎罪的牺牲祭品，幸好他在希腊人撤退前躲起来，没有被捉到。而且，希腊人为什么做这么大的一匹木马呢？因为，这匹木马比城门还高，搬不进城里头去，而如果特洛伊人在城外把木马拆毁，那就会得罪战神，反过来，如果特洛伊人把木马带进城里，战神就会眷顾他们，不会好好对待希腊人。特洛伊人里有一位长老，对这匹木马和整个说法，还是存有很大的疑虑，他说了一句后来我们也常常模仿的话，他说："即使希腊人带着礼物过来，我对他们还是存有戒心。"（I fear the Greeks even when they bear gifts.）

相信诸位还记得，海神是站在希腊人那一边的。突然海里冒出两条大蛇，把这位长老紧紧勒住，气绝身亡。于是，特洛伊人把城墙拆掉，把木马拖进城里，狂欢庆祝。当然，大家都听过这个故事的结局,这匹木马是中空的,里面藏了许多希腊士兵,半夜里,他们从木马里爬出来,把城门打开,让躲在海边、事实上没有开船回希腊的士兵进来,里应外合,纵火、杀人,把特洛伊城毁了。特洛伊的国王被阿基利斯的儿子杀了,皇后和赫陀的妻子都被俘虏了,主管爱情和美丽的爱神的一个儿子也是特洛伊人,爱神帮他把他的爸爸和儿子救了出来,跑到郊外去,也把海伦救出来,交还斯巴达的国王米奈劳斯,国王还是满心欢喜地把海伦接回来,带她上船,向希腊回航。

这就是木马屠城故事的结局,至于希腊人在回航的路程上的遭遇,在荷马的史诗《奥德赛》里有很详细的描写。希腊人打进特洛伊城之后,纵火杀人,让原来支持他们的战神和海神都很反感,所以,在回航的路上,受到很多的惩罚。

关于木马的联想

回过头来看木马屠城这一场战争,一共打了十年,你来我往,最后希腊人获得胜利的关键是什么呢?那当然是想出一个战略,让特洛伊人自己把坚牢不可破的城墙拆掉,让希腊人得以长驱直入,也就是找到了可以获胜的关键因素。

现在,我们常常引用"特洛伊木马"(Trojan Horse)来代表一件看起来很好的礼物,其实礼物里包藏了祸害。让我趁这个机会讲讲透过网络蔓延泛滥的计算机病毒,严格来讲计算机病毒分成三类,那就是特洛伊木马(Trojan Horse)、病毒

（Virus）、蠕虫（Worms）。特洛伊木马是一个表面上看起来有用或者有趣的档案，例如：一个有趣的文字或者图片的档案，文字或者图片的档案是静态的数据，它本身不会引起任何的动作，但是如果在这些数据里隐藏了一些会引起破坏性动作的程序，当这个档案被打开的时候，这些破坏性的动作，例如，把计算机关闭、在计算机屏幕上显示古怪的文字图片，或者消除存在计算机里的档案等等，就会发生了。这的确是跟原来的特洛伊木马非常相似。不过，特洛伊木马必须由人把这个档案打开，而且它也不会自动复制。病毒是一种会自动复制的破坏性的程序，和生物学上的病毒很相像。不过，病毒不会自动在网络上移动，它必须依附在别的档案上，例如：电子邮件、从一部计算机被传送到另一部计算机。至于蠕虫，则是一种会在网络上自动传输的破坏性程序。虽然在观念上，我们把特洛伊木马、病毒、蠕虫作这样的分类，事实上，今天比较新的破坏性的程序都会兼具这些功能。

讲到这里，在《三国演义》里，诸葛亮发明制造了两种运送粮草的交通工具，叫做木牛和流马。它们是什么东西呢？历史上记载并不明确，一个说法是木牛和流马是用木制成，形状像牛和马一样，用来载运粮草，能够自动行走的机器。但是，按照那个时候的科学技术，木牛和流马自动行走的原动力从什么地方来，却是没有办法解释的。另外一个说法是木牛是独轮车、流马是四轮车，由人推着走，在山路好走很多。两百多年后，南北朝的科技数学天才祖冲之,据说也按照诸葛亮的描述,仿造出自动行走的木牛和流马,但是文献里也是语焉不详。

倾国倾城

在木马屠城记的故事里,为了海伦这位绝色美人,特洛伊整个城邦都被毁灭了,中国文学里常常用"倾国倾城"来形容美丽的女子,毫无疑问海伦是倾国倾城的绝色美人。"倾国倾城"这个词,源自《汉书》里的"北方有佳人,绝世而独立,一笑倾人城,再笑倾人国",至于"倾"这个字,既可以作赞羡、倾倒在石榴裙下的解释,也可以作为让城邦国家倾覆颓圮的解释。《汉书》这段话,应该是用来描写中国古代周幽王宠爱的妃子褒姒,按照《东周列国志》的记载,褒姒不爱笑,平时喜欢听撕裂绸帛的声音,这是十分奢侈的行为。为了逗褒姒笑,周幽王在烽火台点燃烽火;烽火台是古时军事上通讯的工具,当皇帝有难时,会在烽火台上点起烽火,各地的诸侯,看见烽火,就得赶快派出军队来救驾。当周幽王点起烽火,而诸侯风尘仆仆地赶过来时,褒姒看到诸侯那副狼狈的样子,大笑不已。这样玩弄了诸侯两三次,等到真有敌人入侵时,周幽王点起烽火,诸侯以为他还是为了取悦褒姒,都不来救驾了。周幽王被杀,褒姒被俘虏,西周也变成了东周。这就是周幽王"烽火戏诸侯"的故事。

我想,大家一定会想到这个故事跟西方伊索寓言里,大叫

"狼来了！"的牧羊童故事有相同的教训。

中国历史上，还有好几位倾国倾城的绝色佳人的故事。商朝的商纣王为了妲己、唐朝的唐玄宗为了杨贵妃、明末清初的大将吴三桂为了陈圆圆，都付出了倾国倾城的代价。妲己是一个美若天仙、能歌善舞的蛇蝎美人，她非常奢侈，商纣王为她在宫殿里安排了酒池肉林，她喜欢听到犯人受酷刑时痛苦的叫声，商纣王因此发明酷刑炮烙、锤击、蛇蛟等；后来周武王出兵讨伐，商纣王自焚而死，妲己亦被以祸国妖人罪名处死，商朝也就亡了。

诗人白居易写了一首长诗《长恨歌》，描写杨贵妃的故事，第一句就是"汉皇重色思倾国"；诗人吴梅村写了一首诗《圆圆曲》，描写陈圆圆的故事，其中也有"尝闻倾国与倾城，翻使周郎受重名。妻子岂应关大计，英雄无奈是多情"这几句。《长恨歌》和《圆圆曲》，虽然在篇幅上，不及荷马的两首史诗《伊利亚德》和《奥德赛》，但是它们都是非常美丽的长诗，是中国文学里脍炙人口的名作。

陈圆圆是明朝末年将军吴三桂的爱妾，明朝末年，流寇李自成攻入首都北京，崇祯皇帝在煤山上吊自杀，李自成到了北京后，派人招降吴三桂，吴三桂本来决定投降，但是，当听到李自成拘禁了他的爱妾陈圆圆后，非常生气，这就是"冲冠一怒为红颜"这句诗的出处。吴三桂倒过来献出山海关，引清兵入关向清称臣，打败了李自成，夺回陈圆圆，清朝也从此建立起来。后来吴三桂接受了清廷平西王的封号,却被外放云南,到了康熙的时候,由于康熙要削除藩王的职位,吴三桂从云南起兵反清,但是,已经太迟,最后病死长沙,陈圆圆在一座寺庙出家,后来投莲花池自尽了。

  王国维在《人间词话》里,认为白居易的《长恨歌》文采斐然,把故事娓娓道来,很少用典故,吴梅村的《圆圆曲》却用了很多典故,这是吴梅村不及白居易的地方。当然,大家都知道白居易写的诗词平易近人,有"老妪能解"的说法。

法国大革命

路易十四

前面跟大家讲过"木马屠城记"的故事，也就是希腊斯巴达和特洛伊之间十年的战争故事。接下来想跟大家讲拿破仑和威灵顿公爵（Duke of Wellington）在滑铁卢（Waterloo）的战役。不过，要讲这场战役，得先讲一点法国当时的历史背景。

从一六四三年开始到一七九一年，一百五十年中，法国的三个皇帝是路易十四、十五和十六，接下来就是拿破仑。拿破仑在一八〇四年到一八一五年共当了十年皇帝。

路易十四，五岁不到就登基做皇帝，到七十七岁去世，在位七十二年，在他统治下，法国在军事、政治和文化上的地位大大提升。在政治上，路易十四成功地建立了中央集权的政治体制，他讲过一句话："L'Etat, C'est moi!"，翻成英文是"I am the state."，翻成中文可以是"朕即天下，天下即朕！"清朝康熙皇帝说过一句比较谦虚的话："万姓安，即朕之安；天下福，即朕之福。"那就是"老百姓能够安乐，我就安乐；天下有福，那就是我的福了。"路易十四任内，对外打了三场大仗、两场小仗，也大大扩展了法国殖民地的版图，远及美洲、亚洲和非洲。举一个例子，美国的路易斯安那州（Louisiana）的名字，就是源自法文，表达对路易十四的尊敬。对外战争之外，还有两场内战，这两场内战，可以说是源自对君主极权的反应和对外战争的费用而引起的税收问题。在经济方面，路易十四用了一位能干的财政部长，他建立了有效的税收法令，征收关税、盐税、地税，也经由商务贸易增加国库的收入。在文艺建筑方面，路易十四手笔很大，巴黎附近豪华的凡尔赛宫是他建的，在巴黎铁塔附近的军用医院（Hotel de Invalides）也是他建的，去过巴黎的朋友应该会记得，Invalides 有一个壮观的金色圆顶，拿破仑的墓也是在那里；他也扩建了卢浮宫（Musee de Louvre），有些历史学家还把路易十四统治的七十二年称为"伟大的世纪"。但是，他豪华的生活，弄得国库空虚，因此赋税和赋税相关的问题引来相当大的动荡不安。路易十四七十七岁去世，传位给他的曾孙，就是路易十五。

路易十四的故事，也让我们想起清朝康熙皇帝的故事。康熙八岁登基，在位六十一年，执政期间，平定了吴三桂等三藩的势力，派施琅攻取台湾，驱逐侵略东北黑龙江的俄国人；在政治方面，整顿吏治，执行考核制度；在经济方面，放宽垦荒地的免税年限；在学术方面，《康熙字典》、《康熙永年历法》都是由他推动编纂的。所以，康熙在位的期间也被臣民称为"康熙盛世"，可是，到了他统治末期，吏治腐败，赋税不均，贪污的风气盛炽，国库空虚也成为一个隐忧。康熙传位给四子，就是雍正皇帝，光是这个传位的故事，三天三夜也讲不完了。

路易十五

我们还是回到法国的历史,路易十四死的时候,他嫡传的儿子和孙子都已早逝,由曾孙继位,这就是路易十五。路易十五登基时,只有四岁,所以谁能够掌握治理国家的大权,是一个大问题,按照传统,应该是路易十四的一个侄儿,也就是路易十五的一位叔祖。但是,路易十四在临死前立了遗嘱,把自己的两个私生子变为他合法的儿子,让他们有法律依据,将来可以承继路易十五。宫廷中承继的问题,引起权力的争夺,在路易十五的年代是如此,古今中外何尝不是如此。

路易十五被看成庸碌无能的皇帝,路易十四留下来一大堆经济财务的问题,路易十五没有能力去挽救改善。不过,在清朝历史里,雍正大刀阔斧,整顿了许多康熙遗留下来的问题。除了无能之外,路易十五的私生活也受到许多批评。他从登基时,被称为最受爱戴的皇帝(The well-beloved),到他的晚年被称为最受憎恨的皇帝(The well-hated)。路易十五执政期间的问题,继续困扰着继任者路易十六,也逐渐导致法国大革命的发生。让我顺便提出,巴黎有名的协和广场(Place de la Concorde),原来叫路易十五广场,那是路易十五的一位情妇推动兴建的。

路易十六

路易十五死后,他的孙子继位,就是路易十六,他是一个爱慕虚荣、平庸、无能的皇帝，面对法国非常恶劣的经济情形，也没有办法改善，终于引发了"法国大革命"。平心而论，法国恶劣的经济情形和赋税问题，在路易十四时已经浮现了。法国大革命有三条导火线：第一，是国家严重负债，税收改革失败，老百姓连面包都没得吃；第二，是多年来不平等的阶级制度；第三，是路易十六和他的皇后玛丽（Marie Antoinette）过着豪华奢侈的生活，引发人民反感。

我无法在二三十分钟内把法国大革命的历史好好叙述和分析；不过，在整个历史的重要时间点是一七八九年，也就是路易十六登基后十五年，他面临阶级不平等的问题，不得不召开三级会议。

几百年来，在君主制度之下，法国有一个代议制的议会叫做"三级会议"，它代表教会、贵族和平民三个阶级，但是这是一个不平衡的代表组织。第一个阶级是教会，只有十万人；第二个阶级是贵族，只有四十万人；但是第三个阶级是中产阶级和平民，有二千五百万人。但是，在三级会议里，每一个等级的代表人数是一样的，所以教会和贵族联合起来，就可以多数票压倒平民的代表；而且自从一六一四年（距离当时一百七十五年以前），这个三级会议就没有开过会了。在一七八九年的三级会议中，第三个阶级的平民提出，成立人民有均衡代表的国民代表大会（National Assembly），经过许多争议，路易十六立法订定国民代表大会的成立，教会和贵族也同意放弃特权。

路易十六接受了国民代表大会的成立,但是整个法国已经在动乱了。历史学家把法国大革命分为三个时期:第一个时期是一七八九——一七九二年,那就是国民代表大会成立的前三年,政府还可以透过国民代表大会解决很多地方上的问题;第二个时期是一七九二年,激进分子取代了中产阶级分子和改良派,成为革命的领袖,到处发生暴动,把路易十六和玛丽皇后送上断头台;到了一七九四年,中产阶级的领导人,驱除了激进分子,恢复领导的地位,一七九七年推举拿破仑领导政府,法国大革命就算结束了。

玛丽皇后

让我们离开严肃枯燥的历史,谈一些有趣的小故事。路易十六的玛丽皇后是奥地利的一位公主,照野史的记载,她小时候和莫扎特(Wolfgang Amadeus Mozart)就认得,有一次莫扎特在宫廷里演奏后,皇后问他要什么样的奖赏,莫扎特说他要皇后把小女儿玛丽(Marie Antoinette)嫁给他,但是皇后却笑笑而已,因为她有别的打算,有更高的目标。这又让我们想起汉武帝小时候,他的姑姑问他要娶谁为妻?他说"姑姑的女儿阿娇,若得阿娇为妇,当以金屋贮之"。玛丽十四岁时,嫁给路易十六,那时路易十六只有十五岁,因为她是奥地利人,她必须放弃国籍,也得把她的衣物、首饰、朋友、佣人全部留在奥地利,当她从奥地利到法国时,她要在奥地利代表团面前,把衣服脱光,换上法国的衣服,这个十四岁小女孩就哭起来了。

历史里,玛丽皇后被描述为一个过着非常奢华浪费的生活的皇后,她在衣服、首饰、赌博上,花了许多钱。据说,有一次,当她听到老百姓没有面包吃时,她反问:"他们为什么不吃蛋糕?"这也让人想起晋惠帝的故事,当官员告诉晋惠帝天下大饥、老百姓没有饭吃时,他反问:"何不食肉糜?"为什么不食肉煮的粥呢?一七九三年一月国民代表大会以三百六十一对三百六十票,一票之差,通过叛国的罪名,把路易十六送上断头台。同年十月,玛丽皇后也被送上断头台,据说她最后讲的一句话是,当她在断头台上无意间踩到刽子手的脚,她说:"先生,请您原谅我!我不是有意的。"另外一个小故事,一七九一年路易十六和玛丽皇后见局势不妙,两人想偷偷从巴黎溜走,没想到他在路上买东西时,店里的小贩看到他和他用的金币上面的肖像一模一样,认出他来了,他就被捕了。

自由、平等、博爱

大家知道,法国大革命的口号,在法文是 Liberte、Egalite、Fraternite,翻译成英文是 Liberty、Equality、Fraternity,翻译成中文是自由、平等、博爱。这句口号流传很广,已经超过了法国革命,成为普世的价值观。

讲到法国大革命,我得点出一个时间点,路易十六是一七七四年登基的,一七七六年美国富兰克林(Benjamin Franklin)到法国,请求法国支持美国独立,路易十六答应了,但是,最后法国并没有得到什么好处,还增加了国库的负担。

讲到法国大革命,大家也都会想起狄更斯(Charles Dickens)以法国大革命为背景的名著《双城记》(*Tale of Two Cities*),这两个城就是巴黎和伦敦,故事里的两个男主角,同时爱上一位女郎,当然一位成功追求到这位女郎,另一位失败了。这个故事结束的时候,这位失败的男主角代替成功的男主角,走上断头台。

最后,让我们回味《双城记》一开始,那几句脍炙人口,流传非常广的话,"It was the best of times, it was the worst of times."(那是最美好的时代,那也是最糟糕的时代。)

拿破仑与滑铁卢战役

从过去看现在

从一六四三年到一七九一年,这一百五十年内法国的三个皇帝是路易十四、十五和十六。路易十六在位末期法国大革命爆发,一七九二年法国宣布废除君主制度,建立法兰西共和国,全国国民代表大会建立的代议制度开始成型。可是,七年后,一七九九年,拿破仑由炮兵少尉变成执政团第一执政,实质上独揽国家大权,又过了五年,一八〇四年拿破仑更登基为拿破仑大帝。这十二三年中,法国政治组织一直在改变。大家还记得法国有一个三级会议,由教会、贵族、平民三个阶级代表组成,自从一六一四年,三级会议有一百七十五年没开过会。一七八九年,路易十六被迫召开三级会议,后来三级会议转型为全国大会,然后又一而再、再而三地改头换面,"全国大会"变成"全国代表大会",变成"立法大会",变成"全国公会",再变成"督政府"(Directory),再变成"执政团"(Consulate)。诸位可以想象的到,这些不同的包装,就是权力的较劲和分配,加上经济和军事背景的影响,再加上雄才大略、野心勃勃的个人的出现之下的产品。有一句话:"从过去看现在,从历史看未来。"当我们看到两百多年前,法国从君主专政转变到民主制度,一路走来,不是和我们今天看到很多的例子相像吗?

小巨人拿破仑

把政治背景交代清楚,我要讲一下拿破仑的故事,以及当时法国和欧洲各国打的大大小小战争。因为,拿破仑可以说是透过战争的途径,登上皇帝宝座的。

拿破仑十六岁从巴黎皇家军事学校毕业,被派为炮兵少尉,他在平定内乱和对外战争中的杰出表现,显示出他的军事长才。拿破仑有杰出的领导能力、丰富的军事知识,又善于运用情报,当时大炮是战争中最重要的武器,拿破仑更是炮兵战略的专家。军事上的成就,让他在政治圈里的影响力越来越大,他得到掌权的元老院元老们的赏识,尤其是元老院的老大巴拉斯重用拿破仑,拿破仑的妻子约瑟芬(Josephine)就是巴拉斯的情妇。拿破仑三十岁那一年,元老院里的一个元老找拿破仑支持他搞政变,推翻元老院成立执政团;没想到拿破仑后来居上,成为执政团的第一执政,总揽法国大权。一年后透过宪法的修改,他成为终身的第一执政;拿破仑出任第一执政后,着手政治、经济、宗教、教育的改革,巩固他的统治。尤其是他订定了有名的《拿破仑法典》,这个法典规定了资本主义财产制度,保障私有财产不受侵犯,稳定小农土地所有制,规定公民的平等和契约的自由原则,这些法典对后来许多资本主义国家的立法有很重大的影响。

拿破仑的失败

自从法国大革命开始，欧洲的几个强国包括英国、奥地利、俄国、德国（当时称普鲁士）、西班牙等，他们组成反对法国的军事联盟，先后和法国打了七次大战，历史上就叫做第一、第二……以至第七的反法军事联盟战争（War of Coalitions）。第一次和第二次反法军事联盟战争是在法国大革命的时候，几个欧洲国家为了防止法国的内部动乱向外延伸，主动进攻法国；第三次至第七次反法军事联盟战争都是在拿破仑当皇帝的任内。拿破仑在一八〇四年为自己加冕，从法兰西共和国第一执政的称号，改为法兰西帝国皇帝拿破仑一世，也可以说法国由资产阶级共和国，变成资产阶级帝国。第三、第四、第五次反法军事联盟战争都是法国打赢；到了一八一二年趁着拿破仑深入俄国，兵疲马乏、伤亡无数、撤退回欧洲时，第六次反法军事联盟得到胜利，并在一八一四年进入巴黎，要求法国无条件投降。拿破仑退位，被放逐到地中海意大利旁边的厄尔巴小岛，并由路易十八复位。（让我交代一下，路易十六上断头台后，他八岁的儿子，继位为路易十七，可是他当了两年皇帝，就得肺病死了。）

拿破仑在厄尔巴小岛住了不到十个月，当看到路易十八既无能又傲慢的统治引起人民非常怨恨时，他在一八一五年二月偷渡回法国，很快地得到原来部队的支持，不到一个月他带着十四万大军进入巴黎，重登王位，路易十八也就逃走了。但是，这一次拿破仑只当了一百天的皇帝，因为在第七次的反法军事联盟战争中，特别是在滑铁卢（Waterloo）战役，拿破仑被打败了。他被放逐到圣赫勒拿小岛，在那里过了六年后逝世。

拿破仑讲过很多名言，让我举几个例子："我的字典里没有不可能。"（The word impossible is not in my dictionary.）、"最大智慧就是决心。"（The truest wisdom is a resolute determination.）、"胜利属于坚持不懈的人。"（Victory belongs to the most persevering.）

拿破仑从厄尔巴小岛跑回巴黎，重登皇位，欧洲列强又结合起来应付拿破仑，这就是第七次反法军事联盟战争。拿破仑在一八一五年三月重登皇位，当各国的大军还在结集的时候，他觉得要先下手为强，化被动为主动，以攻为守，他要以十万大军，先行歼灭英国威灵顿公爵的七万大军，以及德国布鲁克元帅的九万大军。威灵顿的大本营设在比利时的小镇滑铁卢，拿破仑的军队在他的南边，布鲁克元帅的军队在他的东边。对拿破仑而言，最重要的战略就是分别把英军、德军打败，不能让他们结合起来，这是整个战役的关键因素。

莽将军与老将军

拿破仑手下有两员大将，一位是有勇无谋的莽将，我们就叫他"莽将军"，另外一位垂垂老矣的老将，我们就称他"老将军"；"莽将军"的任务是向北攻打英军，"老将军"的任务是向东攻打德军。拿破仑先派"莽将军"去夺取英军和德军可能会合的交叉点,并借此牵制英军,拿破仑同时猛攻德军,把德军打得大败,这时拿破仑下令"莽将军"派出他和英军交战部分的兵力支持,希望借此全面歼灭德军。但是,因为命令传达失误,"莽将军"没有执行这个支持的任务,否则,德军就全部被歼灭。但是,德军到底是被打败了,谣言还说他们的布鲁克元帅已经战死,他手下的参谋长收拾残兵,下令撤退;事实上布鲁克没有死,他从马上摔下来,他的助手用军衣把他的身体盖住,躲过法国的官兵,当他听到参谋长撤退的命令时,他马上把命令倒过来,命令剩下来的主力向英军滑铁卢的方向前进,让一些伤残游兵向反方向撤退,作为一个烟幕。当拿破仑命令"老将军"乘胜追击德军时,"老将军"上当了,他朝着反方向追那些伤残的游兵。威灵顿听到德军战败的消息,也紧张起来,向后朝大本营的方向撤退,但是"莽将军"没有马上尽力追击,再加上一场大雨,军队进军不易,让威灵顿有喘一口气的机会。同时,拿破仑也已下令让追逐德军残兵的"老将军"派兵来支持这场大战,可是,"老将军"迟迟不动。

一八一五年六月十八日,就是滑铁卢战役的开始,早上九点钟拿破仑吃了早餐,准备向英军的山头发动攻势,但是他手下的一位将军说:"因为前两天大雨的缘故,地面泥泞,不容易用马拖动大炮来布阵,不如延后一个小时。"拿破仑听他的话,因为他身体有点不舒服,他睡了一觉,一睡就是两个钟头,这个延误可能是整个战役的一个关键因素。对威灵顿而言，他听到德军已经前来支持的消息，又听到拿破仑的"老将军"被骗往反方向进军，他的信心大增，决定靠他的一百五十六门大炮作殊死战。早上十一时三十分拿破仑下令进攻，一百二十门大炮隆隆发射，勇敢而鲁莽的"莽将军"带着五千个骑兵向英军火线直冲过去，英军的火力虽然强大，"莽将军"的骑兵，冒死往前，英军往后撤退，大炮全部落入法军手里；但是，"莽将军"犯了一个大错，他的骑兵没有步兵的支援。作为杰出的军事家，在这最危险的时候，威灵顿看出来，他下令："在拿破仑支持的步兵抵达以前，我们必须把大炮夺回，否则我们是全盘皆输。""莽将军"往前直冲的骑兵在苦战后，已是筋疲力竭，被英军打回来了，英军收复了他们的大炮。在这里，滑铁卢战役的一个小小而最重要的关键因素出现了。

在战场上，夺得敌人大炮时，一个基本的动作是把一根没有头的钉子，钉进引发大炮的一个小洞里，这样大炮就完全失去作用。因为，钉子没有头，钉进去就不容易拔出来，在每一个骑兵团里总有几个人负责携带没有头的钉子和钉锤，可是当"莽将军"把英国人打退后，却找不到有人带着钉子去破坏英国人的大炮。所以，当英军把法军打回去，夺回没有被破坏的大炮时，立即发挥火力把法军打得落花流水。而且，另外一个关键因素，是德军布鲁克元帅的援兵比"老将军"的援兵先行抵达，法军完全被打败。在夜色中，威灵顿公爵和布鲁克元帅在马上招呼相拥。德军死了七千人，英军死了一万五千人，法军死了二万五千人，拿破仑逃回巴黎，一个月后正式投降，被放逐到圣赫勒拿岛，六年后抑郁而死。

几个如果

一口气为诸位讲完滑铁卢战役的故事，让我重复一下，这场战役的几个"如果"：

第一，如果布鲁克元帅在开始时就被打死了，他的参谋长就会按照计划撤退，威灵顿公爵就得不到兵援了。

第二，如果"老将军"相信他收到的情报，德军并不是全部撤退而是向滑铁卢方向进军，他会挡住德军，威灵顿公爵就得不到兵援了。

第三，如果"莽将军"的骑兵队里，有人带了没有头的钉子，破坏了英军的大炮，这场仗威灵顿公爵是输定了。

最后，许多人都会问，如果拿破仑赢了滑铁卢这一场仗，第七次反法联盟战争会怎样打下去呢？但许多历史家的看法是他已经是强弩之末，迟早要被反法联盟军打败的。拿破仑在滑铁卢被打败后，说过一句话："历史不过是对过去发生过的事情，大家同意接受的一个版本而已。"（History is the version of past events that people have decided to agree upon.）据说他临终最后讲的话是："法国、军队、约瑟芬。"（France, Armée, Joséphine.）他思念他的祖国、他的军队和他的妻子。

星期日
电影与文学的交会

罗生门

瞎子摸象

我们常用"罗生门"这个词来形容一个现象：那就是一件事情发生之后，参与和旁观的人往往有不同的记忆和描述，各说各话，莫衷一是。"罗生门"的现象可以用几个层次来解释：第一个层次，观察往往不是全面的，记忆往往不是完整的，同样的一件事情，从不同的角度往往看到不同的结果，正如成语"瞎子摸象"所说，当几个瞎子想知道大象是怎样的动物时，摸到鼻子的说象是一根管子，摸到腿的说象是一根柱子，摸到尾巴的说象是一条绳子，摸到耳朵的说象是一把扇子；且不同的人，记忆能力也不相同，但每个人的记忆都会随着时间而衰退，变得模糊。第二个层次，每个人独立的观察，或多或少会受别人的描述所影响，而改变他原来的观察。第三个层次，为了各种原因，每个人不愿说出他看到的真相，或为了保护自己，或为了陷害他人，"有软弱的地方，就有谎言"。第四个层次，每一件事的确有唯一、清晰、完整的真相吗？

芥川龙之介的小说

"罗生门"一词来自一九五〇年代日本有名的电影《罗生门》，由日本著名的导演黑泽明执导，这部电影曾经获得好几个国际大奖，公认为日本电影史上具有里程碑意义的作品。主要的情节是根据芥川龙之介的经典小说《在竹林中》编剧,芥川龙之介是日本二十世纪初非常具有影响力的小说家,日本文学界为纪念他,设立"芥川赏",是日本文学界的重要大赏。《在竹林中》描写七个人对竹林中一具男尸的来龙去脉不同的叙述,但是当黑泽明把《在竹林中》拍成电影时,他穿插了芥川龙之介的另一篇小说《罗生门》的一段情节,作为电影的结尾,同时作为电影的名字。

让我先介绍《罗生门》这篇小说。古时候,在日本京都朱雀大道的南端,有一道城门,叫做"罗城门"(在日文"城"字和"生"字发音相同,后来就变成"罗生门"),多年来天灾人祸,"罗生门"变成一座破烂荒凉的城楼,狐狸野狗盗贼都在城楼出没,到后来甚至无人认领的死尸也被送到城楼上。有一天黄昏,一个刚刚被多年雇主解雇的佣工,单独在城楼底下避雨,前途黯淡,何况明天的生活问题还未解决,带给他一份茫然却又焦虑迫切的心情,在饿死路边、还是沦为强盗之间,他没有足够的勇气去作选择。他按着腰间的木柄钢刀,沿着楼梯爬上城楼,打算在城楼上过夜。城楼上有几具尸体,隐约看到有男、有女、有赤裸的、也有穿了衣服的,有的张大嘴巴、有的伸着手臂,佣工在腐烂的尸臭中,不知不觉用手捂着鼻子。但是出乎意料,他看到一个老太婆蹲在死尸之中,她又小又瘦,满头白发,右手拿着燃着火的松木片,深深看着一具尸体,那尸体有长长的头发,应该是一具女尸吧!佣工害怕得忘了呼吸，有一种毛骨悚然、起鸡皮疙瘩的感觉；却看见老太婆把松木片插在地板缝中，用双手去探摸女尸的头，把她的头发一根根拔下。憎恨和厌恶取代了佣工恐惧的心情，他握住木柄的钢刀，大步走向老太婆，老太婆挣扎了一下，就被佣工捉住她骨瘦如柴的手臂，"你在做什么？"老太婆睁大眼睛喘息地说："拔下这些头发，只想用来作女人的假发髻。"老太婆接着说："拔死人的头发，也许是一件坏事，但是被丢在这里的死人，也是应得的报应。这个我拔她头发的女人，生前把蛇切成小段，晒干当小鱼干来卖给军营的士兵，他们还吃得津津有味，但是不这么做就得饿死。这对她是无奈的，不做就得饿死；对我也是无奈的。"佣工把钢刀放入鞘中，他也作了选择，他抓住老太婆的衣领，把她的大衣脱下来，并且把她推倒，然后跟老太婆说："对我也是无奈的，不做就得饿死。"拿着老太婆的衣服，他从容地走下城楼。老太婆从尸体中站起，白发倒垂往外看，只有黑洞洞的夜，佣工已不知去向。

这是芥川龙之介初期、也是他非常引以为傲的作品，他这篇小说是根据历史记载小偷在罗生门城楼上盗取死人遗物而写出来的，女人生前把蛇当做鱼来卖，老太婆拔死人的头发，佣工在寒夜里抢走了老太婆的衣服，都有一份无奈的心态，不做就得饿死的压力。在这个混乱复杂的世界里，这些都是微不足道，甚至称不上罪恶的事，可是在这里，我们看到人性往往在放大的无奈和压力之下，被呈现出来。

黑泽明的电影

现在让我讲黑泽明的电影《罗生门》,《罗生门》是根据《在竹林中》的故事而编,不过,黑泽明在电影开始时,以三个在"罗生门"城楼底下避雨的人的对话为开端;最后以《罗生门》的小说故事作为电影的结尾跟片名。

有天早上,一个上山砍柴的樵夫,发现了一个仰躺的男人尸体,胸部插了把小刀,尸体旁有剪断的绳子,附近树上还有一个女人戴的斗笠,尸体旁竹子的落叶都被践踏得乱七八糟。前一天中午,有一位行脚僧,的确看到那位男子佩着刀,带着弓器,牵着一匹马,一个女子坐在马上,戴着斗笠,罩着面纱,所以没有看到女子的脸。检察官问完樵夫和行脚僧两人后,两人在罗生门下避雨,互相对问:"怎么会发生这种不可思议的事情呢?"同时在罗生门下避雨的一个路人,忍不住问他们到底怎么一回事?让我们听听这场悲剧中几位局中人的自白。

一位老太婆跟检察官说,被害的男人是他的女婿,是一名武士,性情温和,她的女儿是一个不让须眉、倔强的人。还有一位捕头之类的小官跟检察官说,是他捉到叫做多襄丸的强盗,多襄丸被捕的时候,旁边有一匹马在吃草,他身上也带着弓和箭,这匹马应该是那个女子骑的马,弓和箭应该是被害武士的弓和箭。接着就是强盗的自白:是的,那个男人是我杀的,那天中午,我在树下打瞌睡,他们夫妇骑马走来,风把斗笠的面纱揭开,我看到那个女子的脸,在那一瞬间,我想即使杀了那个男人，也要把那个女子抢过来。其实，杀人也没啥了不起，我用刀杀人，你们杀人不用大刀，只用权力、用金钱。我骗那个男人说山里树丛底下有许多宝物，他果然跟着我到竹林深处，我把他打倒，用绳子把他绑起来，再跑出来告诉那个女子，她的丈夫被蛇咬伤了，当她跟着我走到竹林深处，看见丈夫被绑起来的时候，她从怀里掏出雪亮的小刀，向我刺过来，当然，我把她制伏了，也达到了我的目的。当我正要抽身离开的时候，那个女子追上来，跟我说："是你死呢？还是我的丈夫呢？两个人中，死一个吧，让两个男人看到我的羞耻，比死还难受，我要嫁给留下来的男人。"我本来没有要杀死那个男人的念头，即使要也不想用卑鄙的手段。所以，我解开他的绳子，叫他拔刀，二十三个回合后，我的大刀刺进他的胸膛。至于那个女人呢？她大概是惊恐之余，跑掉了。那个男人的大刀呢？我卖掉买酒喝了。那个女人的小刀呢？我倒记不清楚了。

但是，那个女子在庙里忏悔时，讲的话又不同了！她说：当强盗玷辱我之后，我朝着被绑在树下的丈夫跑过去，强盗把我一脚踢倒，就在那时，我发现我丈夫的眼睛投射出难以形容的眼光，不是愤怒，也不是悲伤，而是轻蔑和冷峻。我昏了过去，再醒来时，强盗已经不知去向，我好不容易撑起身子，看着我丈夫的脸，他的眼光还是一样的轻蔑和冷峻。我跟他说："你打我、杀我吧！不要用这种眼光看着我！事情到了这个地步，我有了一死的决心，可是，请你也死吧，你看到了我被欺侮羞辱，我不要你一个人活下去。"我在身旁找到一把小刀，举起小刀，我的丈夫轻蔑地说："杀吧！"我差不多像做梦一样举起小刀。然后似乎又昏过去，当我再醒来时，我解开丈夫尸体的绳子，但是再也提不起自杀的勇气。

被杀死的武士的鬼魂也被招回来，说出他亲身的经历。当强盗欺负我的妻子后，还一再跟她讲甜言蜜语，我不断用眼色，告诉我的妻子这种人的话不可信，但是，我的妻子跟他说："那么随便你把我带到哪里去吧！"当强盗拉着她的手，往竹林外走时，她突然跟强盗说："你杀掉那个人吧，他活着，我不能够和你在一起。"妻子一连喊了几声："杀掉他吧！"强盗冷冷地抱着双手，看了我一眼，问："你打算怎样打发这个女人？"妻子在我踌躇时，大叫一声，跑入竹林里，强盗把我的绳子割断，拿了大刀和弓器也走了，我精疲力尽，拿起妻子丢下来的小刀，把它插进自己的胸膛。

在电影里，樵夫、行脚僧和过路人讲到这里，大家都还不知道真相是什么。樵夫说他跟检察官讲怎样发现武士尸体的过程，只不过是一个谎言，不想惹麻烦上身，他的确亲身看到武士和强盗动武、鏖战之后，强盗用大刀把武士杀死的。过路人就问樵夫，那么那把小刀呢？听说是很值钱的，你把它拿走了吗？樵夫无言以对。正在这个时候，他们听到一个婴儿的哭声，三个人赶过去看到被遗弃的婴儿，过路人二话不说，就把包住婴儿的外衣脱下来带走，樵夫和行脚僧把他拦住，过路人说："我不拿，别人也会拿。"这就是芥川龙之介小说《罗生门》里，老太婆拔死人的头发，被辞退的佣工把老太婆的外衣拿走，"不做就得饿死，我也是无奈"的心态。

什么是真相？

《罗生门》是一个扑朔迷离的故事，大刀、小刀、绳子、斗笠，这些物证还不完全凑得拢，在科技发达的今天，录像带、通联纪录、指纹、血迹、弹头，是百分之百可靠和足够的吗？樵夫和行脚僧是不是被卷入局内的局外人？对局内人来说，恐惧、羞耻、情欲、懦弱、无奈、傲慢、逃避的心情是够复杂的。今天如果再加上大权和高位，天文数字的金钱利润，多重的个人和集体利害关系，更会模糊焦点，遮盖扭曲了真相。

让我用黑泽明电影里的结尾来作一个结束。当那个过路人带走了弃婴的外衣，行脚僧马上抱起弃婴的时候，樵夫想从行脚僧手上把婴儿抱过来，行脚僧满脸犹豫、推开他，樵夫说："我家里已有六个孩子，不差再多一个，让我来照顾他吧！"也许，这一线人性的光芒，可以帮助我们看透、看破、看开、看清各种的困惑和纷扰。

你读过金庸的小说《雪山飞狐》吗？也许可以试着去看看《雪山飞狐》是不是和《罗生门》有相似的地方？

神鬼交锋

空头支票

有一部电影《神鬼交锋》,男主角是有名的英俊小生莱奥纳多(Leonardo Dicaprio),相信很多人看过或听过这部电影,电影里讲的是被称为美国历史上最年轻、最大胆的一个骗子阿伯尼的故事。

阿伯尼十六岁时,高中还没念完就离家出走,五年之内,他假冒过泛美航空公司的驾驶员、在大学里当过讲师、在医院里当过实习医生的总管、做了八个月的助理检察官,并且以假支票诈领了两百五十万美元。他被捕之后,在法国、瑞典、美国一共坐了六年牢,二十七岁出狱之后重新再出发,后来阿伯尼成立了一家顾问公司,帮助政府、银行、金融企业防止犯罪诈骗的行为,不但把许多以前诈骗的钱归还了,还成为一个百万富翁,结婚生子,在美国中西部安居。

阿伯尼十六岁时,爸爸给了他一台老爷车,为了要付汽油钱,他说服他爸爸给他一张信用卡,讲好他自己每个月要付汽油的钱。他一开始就犯了年轻人典型的不负责任的错,他去刷卡买轮胎、电池,然后把轮胎、电池换成现款来花,把账单一丢了事,当然最后信用卡公司追到他爸爸头上,他爸爸也只好付钱了事。

阿伯尼高中没念完,跑到纽约这个大城市,他爸爸原先替他开了一个银行户头,户头里放了两百美元,到了纽约,他一下子就把钱花光了,就开始开空头支票。那是四五十年以前,信用卡的使用还没有那么普遍,超市、杂货店都愿意为顾客兑现十元、二十元的小额支票,而且,那个时候还没有计算机网络,无法马上向银行查证银行户口的存款余额,只要凭身份证明文件,就可以兑换现款,等到空头支票送到银行再被退回来,往往是好几天以后的事,反正空头支票满天飞,小额的空头支票更是不会引起注意。阿伯尼就利用这些空档,大开空头支票。阿伯尼还发现了一个点子,每张支票上面都印有发行这张支票银行的代码,这个代码前面两个数字是这家银行在美国十二个地区的所属区域代码,若把这两个数字改一下,这张支票会被送到错误地区的支票交割清算中心处理,等到辗转再送回来,又多耽搁了好几天。

冒牌飞行员

阿伯尼为了要有一个神气、引人注目的身份,先把出生证明上面的出生年月加了十年,再去弄了一张当时最大的航空公司泛美航空公司的假员工证,证明他是一位副驾驶,一家大航空公司的营运遍布各大城市,驾驶员们飞来飞去,真的不容易发现他是冒牌的。尤其是那个年代,飞行员是被大家羡慕尊敬的高薪职业,他穿着副机长的制服,兑换空头支票变得更容易了,而且,他也堂而皇之免费坐飞机到处跑,吃喝玩乐,走遍了全世界的许多大城市。

航空界里有一个习惯,一家航空公司的驾驶员可以免费搭乘别家航空公司的航机,原因是航班连接,有时从飞一班客运机转到飞一班货运机、或者一班包机,谁也搞不清楚也不在乎为什么一个驾驶员要转来转去,在航空界里,这种免费搭机的安排叫做"免费的人头"(dead heading)。这个名词源自娱乐界,当戏院开演以前,门票没有卖完,为了撑场面,让一些观众免费入场,这些观众就叫做"免费的人头"。当一个驾驶员当免费的人头时,他往往被安排坐在驾驶座舱后面一个小板凳的位置上,阿伯尼不但可以免费坐飞机,也趁机学到一点皮毛的飞行常识,有一次,当值的驾驶员还把驾驶的责任交给阿伯尼,还好阿伯尼还懂得马上转换仪器控制到自动驾驶的操作模式。

阿伯尼不但在银行到处开私人户口,拿着银行替他印的支票开私人空头支票,后来胆子大了,更仿冒公司发薪水的支票、储蓄银行的付现支票。接下来,他还更大胆地带了一大群大学生到欧洲,游遍欧洲各国,并当着他们的面,换给他们仿冒的泛美航空公司的空头支票,这个故事是这样的:当阿伯尼看到机长很神气地带着一群年轻漂亮的空服员昂首阔步在飞机场跑来跑去的时候,他不但非常羡慕,也想出了一个点子。他知道泛美航空公司正安排到某一个大学面试应届毕业生,他自己写了一封信向学校说,除了应届毕业生之外,他们要送八位三年级学生,在暑假带他们去欧洲,伦敦、巴黎、罗马、雅典等地，作为泛美的公关代表，虽然他们不是空服员，但是他们会穿上空服员的制服拍公关照，泛美除了负担全部费用外，还会给他们薪水。到了欧洲以后，每隔两个礼拜，阿伯尼就带着这一群穿上空服员制服的学生连同他发给他们的假识别证，由他们当面背书，在旅馆把他们的薪水加上旅行费用的空头支票换成现金，阿伯尼把膨胀了的费用部分扣下来，一个暑假赚了三十万美金。

冒牌医生

阿伯尼这样飞来飞去，两三年下来也够累了，还差一点被FBI捉到，他跑到乔治亚州的亚特兰大，租了一户豪华的公寓，准备休息一段时间。当他填写住户数据时，在职业那一栏，他随手写上医生，别人问起他的专业时，他也随口说是小儿科。不久他认得一位邻居，这位邻居是当地一所医院小儿科的主治医师，他们的来往渐多，阿伯尼也趁这个机会去图书馆看书、找资料，学到一些医学特别是小儿科的基本观念和名词，免得露出马脚。当问起他是什么医学院毕业时，他毫不犹疑地说是哥伦比亚大学，目前来亚特兰大城休假半年，他的邻居也带着他到医院去参观，慢慢跟医院里的医生和护士混熟了。

有一天，忽然医院的行政主管找到阿伯尼，请求他帮一个忙，原来他们有一位医生家里突然有急事，需要请假一段时期，他请阿伯尼代理他的职务，每天大夜班，手底下有七位医学院刚毕业的第一年实习医生，四十位护士，还有好几十位负责杂务的人员。阿伯尼说，我只有在加州行医的执照，没有在乔治亚州行医的执照。他们说，那不是问题，只要在医院里找五位有乔治亚州行医执照的医师，开一个评审委员会，就可以推荐你获得乔治亚州行医执照了；在那个评审委员会上，委员们闲聊天，一下子就让他通过了，阿伯尼获得了在乔治亚州行医一年的许可。

阿伯尼的主要职务是监管他手底下的医生和护士，他总是把实务工作推到医生和护士身上，说是要给他们实习的机会，又说是要听听他们的意见，这些第一年的实习医生还因此对他特别尊敬，说他真的把他们当做医生来看待。他脑筋又快，嘴巴又溜，有一次他要进手术室去视察，却连口罩都忘了戴，当护士提醒他时，他笑笑说我又不是来抢银行的，戴口罩做什么；有一次护士紧急呼叫他，请他马上到六○八号房，那里有一个蓝色的婴儿，他连蓝色婴儿是什么都搞不清楚，蓝色婴儿是指由于婴儿心脏有问题，血里缺氧，皮肤变蓝，他的回应是，等一下！我得先去六○九号房，那里有一个绿色婴儿，护士以为他是在耍幽默，不知道他在玩拖延遮掩的手法。他这样工作了一年，医院才找到人取代他，他就离开亚特兰大，到路易斯安那州。

冒牌法学院毕业生

在路易斯安那州的首府,他找到他以前认得的一位空服员,继续跟她来往、吃喝玩乐。阿伯尼曾经在她面前吹牛,说他是哈佛大学法学院的毕业生,这位空服员介绍他认识路易斯安那州的州检察署里的官员,阿伯尼伪造了一张哈佛法学院的毕业证书,参加律师考试,考了三次,居然通过了。他在州检察署里找到一份助理检查官的工作,在这个职位上混了九个月,他人缘好、口才便给、衣着入时,偶然有些小案件,也可以蒙混应付过去。后来他遇到一位真正的哈佛法学院毕业生,起初他对阿伯尼非常友善,但逐渐从交谈中发现很多疑点,开始怀疑他不是哈佛法学院毕业生,阿伯尼知道大事不妙,就逃之夭夭了。

他跑到犹他州,在报上看到有一所大学需要暑期课程代课老师的消息,他就毛遂自荐,说他自己的本职是航空公司的副机长,因为中耳发炎,停飞休假六个月,又说自己是哥伦比亚大学的博士,曾经在纽约城市大学教书两年,他伪造了一份哥伦比亚大学的成绩单、两封纽约城市大学教授写的介绍信,然后他就被聘用了。他教一门大一、一门大二的课,每门课都有六七十位学生,反正学校规定,他一定得按照指定的课本的内容授课,他照本宣科,以他的口才和性格,十分受学生的欢迎。他临走时,院长还特别跟他说,当学校有一个终身职缺时,真希望能够把他邀请过来。

货真价实的罪犯

阿伯尼招摇撞骗的生涯，从他十六岁的时候开始，终于在五年之后结束了，他在法国被捕，判刑一年。在生活和卫生条件都非常恶劣的监狱里被关了半年后，他被引渡到瑞典，在瑞典监狱里，医疗、食物和生活环境都大大改善，而且，检调人员、警察和法官都尊重维护他在法律上的权益。

阿伯尼刑期快届满时，法官告诉他，意大利、西班牙、土耳其、德国等十个国家都因为他的犯罪行为在排队等着引渡他，在意大利坐牢恐怕跟在法国坐牢一样可怕，但是法官帮了他一个大忙，他把阿伯尼驱逐出境，因此阿伯尼只能被送回美国，而且按照美国法律，他就不会再被其他国家引渡了。从欧洲被送回美国时，在飞机落地十分钟前，他躲在洗手间里，打开马桶底下的一个洞，绕到飞机的下面，跳下来溜走了。不过，他跑到加拿大，还是被捉了回来，判刑十二年，坐了五年牢之后，以行为良好得到假释，那时他才二十七岁。

这就是阿伯尼的故事，我是根据阿伯尼自己写的书 Catch Me If You Can 来叙述，不过，以他的行事作风，我也无法判断他有没有记忆模糊、或者加油添醋，诸位也不必刻意认定他讲的这个故事有百分之百的准确性。但是，这个故事还是带给我们许多的启发：首先，我们不要为阿伯尼塑造一个英雄的形象，他从无知的错误行为开始，最后变成十几个国家的通缉犯。在一个共同的生活环境里，人和人之间的互信和对体制的尊重，是维持一个和谐稳定的共同生活的必要条件，支票、信用卡、货币、礼券、发票都是正常的经济行为所依赖的工具，误用这些工具，将会破坏整个经济系统的运作，但这些只是部分的例子而已。交通的方便和安全依赖行人和开车的人彼此之间的尊重以及对交通规定的遵守；公共卫生靠大家共同来维护，黑心的食物或添加物的祸害是直接且严重的；智慧财产的侵占会严重影响创新发明的机制；内线交易、掏空公司是企业负责人辜负了投资人的信心；贪污舞弊是政府官员辜负了选民的信托。

外表是最容易骗人的

阿伯尼最后还是逃不开法律的制裁，但是，让我们从另外一个角度来看，我们不可以骗别人，也不想被别人欺骗，为什么一个骗子往往会得逞呢？除了人性的纯真之外，愚昧、贪婪、彼此利用都是原因，我们往往会过分地相信一张哥伦比亚大学毕业证书、一份哈佛大学的成绩单、飞行员胸前的别针和制服、喇嘛的高帽和法衣，只看外表，忽视内涵。

《古文观止》里有一篇很有名的寓言，那是刘基写的《卖柑者言》。说是杭州有一个卖水果的人，他很善于贮藏柑子，经过严寒酷暑也不会腐烂，柑子看起来色彩鲜艳、玉石般的质地、黄金般的颜色，但是剖开来看，里面干枯得像破旧的棉絮，那就是"金玉其外，败絮其中"。别人骂这个卖水果的人是骗子，用绚丽的外表来迷惑那些傻瓜，他的回应是，世界上行骗的人不少，难道只有我一个吗？"世之为欺者，不寡矣，而独我也乎？"他的意思是，你看那些佩着兵符、坐在虎皮交椅上威风凛凛的将军，他们真的是能够捍卫国家的良将吗？你看那些戴着高帽子、拖着长长的带子、神气十足的官员，他们真的是能够治理国家的人才吗？强盗蜂起却没有去镇压、人民困苦都没有去解救、属下为非作歹却没有去禁止、法纪败坏却没有去整顿；拿了薪水，坐在高堂上，骑着大马，美酒喝得醉醺醺，山珍海味填饱肚皮，哪一个不是看起来令人敬畏、值得效法的呀！他们何尝不是"金玉其外，败絮其中"，你不去批评他们，却来挑剔我的柑子！

图书在版编目（CIP）数据

下课后的奇幻补习班 / 刘炯朗著．—太原：山西人民出版社，2013.11
　ISBN 978-7-203-08340-5

　Ⅰ．①下…　Ⅱ．①刘…　Ⅲ．①阅读课－中小学－课外读物　Ⅳ．① G634.333

中国版本图书馆 CIP 数据核字（2013）第 221684 号

下课后的奇幻补习班

著　　者：刘炯朗
责任编辑：贾　娟
装帧设计：陆红强
选题策划：北京汉唐阳光

出 版 者：山西出版传媒集团·山西人民出版社
地　　址：太原市建设南路 21 号
邮　　编：030012
发行营销：0351-4922220　　4955996　　4956039
　　　　　0351-4922127（传真）　　4956038（邮购）
E-mail：sxskcb@163.com 发行部
　　　　sxskcb@126.com 总编室
网　　址：www.sxskcb.com

经 销 者：山西出版传媒集团·山西人民出版社
承 印 者：北京市易丰印刷有限责任公司

开　　本：880mm×1230mm　1/32
印　　张：7
字　　数：130 千字
印　　数：1—10000 册
版　　次：2013 年 11 月　第 1 版
印　　次：2013 年 11 月　第 1 次印刷

书　　号：ISBN 978-7-203-08340-5
定　　价：28.00 元

如有印装质量问题请与本社联系调换